초급 한국어 말하기 평가

Korean Language Speaking Test for Beginners

초급 한국어
말하기 평가

질문과 대답[Respond to Questions]

곽부모 지음

역락

한국어 말하기 평가자는 주제와 기능, 어휘 및 문법을 포함하여 급별 등급에 맞게 한국어 학습자들이 답할 수 있는 수준으로 질문을 한다. 그러면 한국어 학습자는 자신의 생각을 한국어로 표현하기 위해서 먼저 어휘를 선택하고 그것을 문법으로 연결하여 발화 상황에 맞는 문장을 생성하여 답을 하려고 한다. 학습자는 최종적으로 문장 단위의 의미가 모여 발화 의도를 충분히 표현할 수 있는 담화 단위의 의미로 답하기 위해서 모든 노력을 집중한다. 이것은 기존의 말하기 평가 이론에서 예상되는 평가 유형 질문과 대답의 일반적인 상황이다. 하지만 고립된 한국어 환경(한국인 교수를 제외하고는 한국인을 만나 대화할 기회가 거의 없는 군부대 한국어과정, 한국 교민이 적고 한국에 대하여 직접적으로 경험하기 어려운 국외 한국어과정 등)에서 한국어를 배우는 학습자의 경우에는 담화 단위의 의미를 구성하기도 전에 자신이 듣거나 경험하여 답할 수 있는 것에 한계를 느끼는 경우가 많다. 한국어 말하기를 배우는 가장 좋은 방법은 한국인과 말해보는 것이다. 말하기는 말을 함으로써 배우는 것이다. 아무리 훌륭한 말하기 이론이 있다고 하여도 학습자가 한국어로 말하기를 하지 못한다면 그것은 학습자에게 효과적인 이론이 아닐 것이다. 나는 이 책을 해외에서 한국어를 배우는 학생들과 한국어를 가르치는 한국어 교사 입장에서 쓰려고 노력하였다. 다시 말하면, 어휘와 문법은 숙지하고 있으나 말하기에는 별로 변화가 없는 학습자들을 위하여 대화할 상황에 맞게 말하기를 할 수 있는 정보를 제공하기 위하여, 학습자가 목표하는 문형을 발화하도록 이끌어 낼 수 있는 보다 실제적인 말하기 연습이 가능할 수 있도록 도움을 주고자 하였다. 무엇보다도 해외 한국어교육 현장에서 교사를 위한 말하기 평가와 관련한 자료가 전무한 현실을 감안하면 이 책이 그 부분을 조금이나마 채워줄 수 있을 거라고 믿는다. 이를 위하여 책의 구성을 크게 네 부분으로 나누었다.

제1부는 한국어 말하기 평가 유형과 내용에 대하여 간략하게 소개하였다.

제2부는 말하기 평가 유형 중 가장 많이 활용되고 있는 질문과 대답에 대한 소개를 하고 무엇을 어떻게 평가하는 지에 관하여 언급하였다.

제3부는 실제 교사들에게 도움이 될 수 있는 주제별, 기능별 질문과 대답 문항들로 구성하였다. 특히 3부에서 제시한 주제별, 기능별 질문과 대답 문항들은 해외에서 한국어를 가르치는 외국인 교사가 한국어를 전공하는 학생들에게 말하기 평가를 이해하고 가르치는 데에 도움이 될 것이다. 이를 위하여 초급 말하기 상황에서 언급될 수 있는 주제들을 제시하였고 각 주제별로 5개의 문항을 구성하여 학생들이 대답을 할 수 있도록 하였다. 그리고 다양한 발화를 생성해 낼 수 있도록 초급 한국어교재에 있는 문형 및 문장을 기능별 표현으로 정리하여 대화쌍(The adjacency pair of Dialogue)을 제시하였다.

제4부는 질문과 대답 평가가 실제로 어떻게 시행되는 지를 전사 자료와 평가의 예시를 통하여 한국어 교사들이 실제 시험에 적용할 때 도움을 주고자 하였다.

교육부 산하 국립국제교육원 제2015-62호 공고에 따르면, 1997년부터 실시된 한국어 능력시험(Test of Proficiency in Korean, TOPIK)에서 여러 가지 어려움으로 현재까지 시행되지 않았던 한국어 말하기 평가를 연구 개발을 통해 평가 체제를 개발하고 앞으로 시행할 계획을 가지고 있다.

이에 따라 2015년 9월에 말하기 평가 모의시험도 실시하였다. 이번 말하기 평가 모의시험에서는 발음, 질문과 대답, 주제에 맞는 맥락적 의사소통 능력을 중점적으로 평가하였다. 이는 다음에 실시하게 될 교육부 산하 국립국제 교육원 주관의 한국어능력시험 말하기 평가에 반영이 될 것이다. 따라서 이 책에서 중점적으로 다루고 있는 주제 및 기능별 질문과 대답을 통한 말하기 평가 문항들은 향후 시행될 한국어능력시험 말하기 평가를 준비하는 데에도 도움이 될 것이다.

15년 동안 해외 대학과 국내 여러 한국어교육 기관에서 한국어를 가르쳐왔다. 그동안 다양한 국적의 많은 외국인 학생들을 가르치면서 항상 학생들의 입장에서 소명 의식을 가지고 여러 고민을 해 왔다. 그 고민 중의 하나는 교실 상황에서 문장을 생성하는 능력은 있지만 실제 말하기 상황에서는 그러한 문장을 생성하여 발화하지 못하는 학생들을 가르쳤을 때이다. 이와 같은 경험은 한국어 노출 환경이 고립된 해외 대학에서의 강의 경험과 국내 국방어학원(Korea Defence Language Institute, KDLI)에서 한국어를 가르칠 때 많이 느꼈다. 이 책은 이러한 고립된 한국어 환경에서도 한국어를 배우기 위하여 최선을 다해 선생님을 따라준 학생들에게 작은 도움이 될까하는 바람에서 시작되었다. 이 책이 말하기 평가에 대한 어렵고 전문적인 지식이 없이도 해외 대학에서 한국(어)학을 전공하는 학생들이나 그 학생들을 가르치고 있는 교사들이 평가를 효율적으로 수행하는데 도움이 되어 한국어교육이 한 걸음 더 나아갈 수 있기를 바란다. 그리고 한국어 말하기 평가 지침서나 평가 기준이 없는 해외에서 앞으로 시행될 한국어능력시험 말하기 평가를 대비하는 데에 도움이 되었으면 하는 바람이다.

이 책과 관련하여 채찍과 격려가 있을 것이라고 생각된다.

다만 해외에서 한국어를 전공하는 학생들과 그들을 가르치는 교사들을 위한 한국어 말하기 평가 지침서로 처음 문을 열게 된 것에 의미를 두고자 한다.

2015년 569돌 한글날을 기념하며,

곽부모

| 감사의 글 |

이 자리를 빌려 감사할 분들이 많다. 15년 전에 한 우물만 파라고 하시면 서 외국어로서의 한국어교육학을 전공할 수 있게 해 주신 김하수 선생님께 진심으로 감사드린다. 그리고 학문적으로 부족한 학생임에도 이 길을 꿋꿋이 갈 수 있도록 참된 스승의 모습을 보여주신 연세대학교 강승혜 선생님께 감 사의 말씀을 드리고 싶다. 러시아 카잔연방대학교에서 언어학을 공부하는 동 안 지도를 해 주신 존경하는 자밀 자이눌린(доктор филологических наук, профессор, Зайнуллин Габдулзямиль Габдулхакович) 선생님께도 진심 으로 감사드린다. 더불어 국방어학원에서 연구하며 일할 수 있도록 도와주신 전갑기 대령님과 현윤호 교수님께도 감사를 드린다.

또한 양가 부모님, 그리고 끝까지 믿고 따라주며 같은 길을 걷고 있는 아내, 아빠를 따라 멀고 어려운 길을 걷는 우진과 원영에게도 고마운 마음을 전하고 싶다.

마지막으로 이 책을 출판해주시는 도서출판 역락 이대현 대표님께 감사드 리며, 편집을 맡아준 나의 친구 이태곤 편집장에게 고마운 마음을 전한다.

| 목차 |

제 4 부 | 질문과 대답 실제

나가며 / 142

참고 자료

제 1 부

한국어 말하기 평가

한국어 말하기 평가의 목표와 기능

　　외국어로서의 한국어교육학이 학문의 영역으로 자리를 잡은 지 올해로 20년 가까이 되었다. 그동안 한국(어)학 연구는 국내뿐만 아니라 해외에서도 활발하게 이루어져왔다. 특히 한국어 교수법, 교과 과정, 교재 개발 등에 대한 연구가 활발히 진행되었다. 하지만 해외 대학에서 한국어를 전공하거나 한국어과정에서 한국어를 배우는 학생들을 위한 한국어교육 관련 이론서나 실제 언어 학습 자료는 부족한 현실이다. 부족하다기보다는 대부분의 이론서들이 현지 상황을 고려하지 않고 전문적인 용어나 어려운 예비지식이 있어야만 이해가 가능하여 외국학생들이 접근하기 어려운 부분이 많았다. 이 책에서 다루고 있는 한국어 말하기 평가도 그동안 국내 한국어교육기관에서는 각 기간별로 사용하고는 있었으나 아직까지 대학 간 서로의 공유가 적었고 국외 대학에서 한국어 관련 전공생들이나 교사들을 위하여 사용할 수 있는 자료로 소개가 된 적도 없었다.

한국어 말하기 평가는 한국어 교수와 학습 과정이 목적대로 효과적으로 이루어졌는지를 점검할 수 있는 중요한 도구이며 한국어 학습자의 말하기 능력에 대한 방향을 제시해 줄 수 있는 역할을 한다. 하지만 아직까지 공신력 있는 한국어 말하기 평가는 시행되고 있지 않다. 다행인 것은 교육부(국립국제교육원), 문화체육관광부(세종학당재단), 한글학회 등에서 한국어 말하기 평가 개발을 위하여 노력하고 있다는 점이다.

외국어로서 한국어교육학 분야에서는 한국어능력시험을 기반으로 평가가 시작되었다. 김하수 외(1996)의 연구[1]를 토대로 1997년에 국내에서 처음으로 한국어능력시험(Korean Proficiency Test, KPT)이 실시되어 2015년 현재 43회까지 시행되고 있다. 한국어능력시험은 한국어 수험자의 한국어 능력을 등급으로 표준화할 수 있는 기반을 마련하였지만 언어 능력 중에 가장 기본이 되는 말하기 평가가 포함되지 못하였다. 다행인 것은 최근에 말하기 평가 개발이 이루어지고 있고 앞으로 한국어능력시험에서도 말하기 평가가 포함될 것이라는 점이다.

한국어 학습자의 말하기 능력을 평가하기 위해서는 말을 직접 시켜보는 것이 가장 좋은 방법이다. 언어의 목적은 주변 사람들과의 상호작용을 통한 의사소통이며, 의사소통은 사회적, 문화적 맥락을 이해하는 데에서 가능하다(Richard & Rodgers:1986). 따라서 언어 능력에 대한 평가는 주어진 맥락 안에서 언어 형태가 어떤 기능으로 사용되는가를 확인하는 것이다. 그러므로 한국어에 관한 지식(문법 규칙을 설명할 수 있는 능력, 어휘의 뜻을 말할 수 있는 지식)이 아니라 언어를 사용할 수 있는 능력, 즉 학생과의 상호반응적 관계를 통하여

---

1) 김하수 외(1996), 한국어능력평가 제도의 기본 모형 개발에 관한 최종 연구 보고서, 교육부 학술 연구 조성비 지원에 의한 연구과제.

학생이 말을 할 때 어휘와 문법을 적절하게 사용할 수 있는 능력이 말하기 평가의 대상이 되어야 하며 이를 위해 직접 대면하여 실시하는 시험이 학습자의 화용적 능력의 표본을 추출하기 위한 가장 실제와 근접한 방법이 될 것이다(Bachman:1990). 이와 같이 대화자와의 상호반응을 통해 학생들의 말하기 능력을 평가하는 것은 교사의 입장에서는 학습자의 현재 수준을 파악하고 발화 생성을 위해 도움을 주는 방법을 갖게 될 것이다. 또한 학생의 입장에서는 스스로 발화 과정에서의 문제점을 파악하고 개선하는 데 도움이 될 것이다.

그러므로 말하기 평가는 교사에게는 교수 방법을 학생에게는 스스로의 표현 방식을 인식하고 바람직한 방향으로 개선하는 데에 도움이 될 것이다.

제 2 장
한국어 말하기 평가 유형 및 내용

　일반적인 말하기 평가의 유형은 혼자 말하기 형식의 독백과 상호작용을 통한 대화 형식의 평가로 나눌 수 있다. 이를 통하여 학습자가 상황에 맞게 담화를 구성할 수 있는 능력에 대한 평가를 하게 된다. 상호작용을 평가하는 대화는 초급에서는 보통 질문과 대답이나 역할극으로 평가가 이루어지며 어휘력이 증가한 중급과 고급에서는 인터뷰, 정보 교환, 토론하기 등이 이루어진다. 한국어 말하기 능력 수준에 따라 사용되는 말하기 평가 유형이 다른 것은 초급 학습자에게는 담화적 능력이나 사회문화적 능력보다는 언어적인 면(발음, 문법, 어휘 등)에 더 큰 비중이 주어지고 중급, 고급으로 발전함에 따라 화용적, 사회문화적 능력이 더 비중 있게 다루어지기 때문이다.[2] 국내 한국어교육기관에서 초급을 대상으로 대표적으로 사용하고 있는 말하기 평가의 유형

---

2) 한국어 말하기 능력 평가 기준 설정과 관련된 구체적인 내용은 원진숙(1992), 김정숙·원진숙(1993), 김양원(1994), 전은주(1997), 정화영(1999), 박성원(2002), 이영식(2004), 강승혜 외(2006) 등의 기존 연구를 참조.

을 살펴보면 다음과 같이 네 개 정도의 평가 유형으로 나눌 수 있다.

1) 낭독

주어진 텍스트를 정해진 시간 안에 소리 내어 읽는 것으로 수험자인 학생의 정확한 발음과 발음 규칙 적용 여부, 의미단위로 끊어 읽는 것을 평가한다.

2) 질문과 대답

평가자와의 상호작용을 통하여 학습자가 알고 있는 어휘와 문법을 정확하게 사용하여 질문에 적절하게 대답하는지를 평가한다.

3) 역할극

학생이 하나의 역할을 맡아 실생활처럼 대화하는 것이다. 이때 학생은 주어진 역할에 따라 과제를 수행하게 된다. 상호작용으로 대화를 이끌어 가면서 거절과 수락, 제안과 허락 등의 다양한 상황 대처 능력을 평가한다.

4) 주제 말하기

하나의 주제에 대해서 자신의 생각과 의견을 말하는 것이다. 학생의 발표 능력이나 이야기 구성 능력을 평가한다.

이외에도 정보 파악 능력과 이야기 구성 능력을 평가하기 위한 그림보고 묘사하기, 제공된 정보를 요약하고 동시에 자신의 의견을 말하는 능력을 평가하는 요약하여 말하기, 제시된 장면을 보고 상황을 요약하여 이야기하기 등이 있다.

여러 가지 말하기 평가 유형 중 이 책에서는 초급 한국어 말하기 평가에서 가장 기본이 되는 질문과 대답에 대하여 이야기하고자 한다. 그 이유는 질문과 대답이 모든 말하기의 출발점이자 도착점이라고 생각하기 때문이다. 질문과 대답은 단순한 묻고 답하기가 아니고 의사소통의 가장 기본이 되는 대화이기 때문이다. 이러한 대화가 쌓이고 연습이 된다면 실제 상황에서의 말하기에도 도움이 될 것이고 다른 말하기 평가 유형에도 학생들이 유연하게 대처할 수 있을 것이다.

제 2 부

질문과 대답

제 1 장
말하기 평가에서 질문과 대답이란 무엇인가?

    질문과 대답(Respond to questions)은 말하기 능력을 측정하기 위해 사용되는 대표적인 평가 유형 중에 하나로서 학생과 평가자가 대화를 주고받는 것이다. 현재 교육부 산하 국립국제교육원에서는 TOPIK 말하기 평가를, 문화관광부 산하 세종학당재단에서는 세종학당 말하기 평가를, 한글학회에서는 세계한국말 인증시험 말하기 평가(2015년부터 KLPT에서 KLT(Korean Language Test for Foreigners)로 명칭을 변경)를 연구·개발하는 중이다. 국내대학 한국어교육기관의 말하기 평가와, IELTS(International English Language Testing System), OPIc (Oral Proficiency Interview-Computer), TOEIC(Test of English for International Communication) Speaking, TOEFL iBT(Test of English as a Foreign Language Internet Based-Testing), TORFL(Test of Russian as a Foreign Language) 등의 외국어 말하기 평가에서 질문과 대답의 평가 종류는 '질문을 듣고 답하기', '개인 신상 정보 말하기', '일상생활 대화' 등이 주를 이룬다. 이것은 대부분의 대화문 유형이 '정보 교환', '사회적 상호작용',

'감정 표현' 등으로 이루어졌기 때문이다.

대표적인 영어 말하기 평가인 TOEIC Speaking과 외국어로서의 러시아어 시험인 TORFL의 말하기 시험(초급 단계: 기초, 기본 단계[3])에서 시행하고 있는 '질문과 대답' 평가 유형에 대하여 구체적으로 살펴보면 다음과 같다.

---

3) 유럽연합 언어능력 평가 연구 개발 기관 ALTE(The Association of Language Esters in Europe)의 유럽 공통 언어교수 체계(Common European Framework of reference for language learning and teaching)의 각 등급별 요구수준을 근거로 기초 단계와 기본 단계는 입문 수준(Waystage user)과 문지방 수준(Threshold user)의 중간 단계이다. 외국어로서의 러시아어 시험은 일상생활 속에서 의사소통을 할 수 있는 언어교수 단계, 전공 학위증을 취득하기 위한 수단으로서의 언어교수 단계, 직업적인 필요에 의한 실용적인 구사를 위한 수단으로서의 언어교수 단계가 있는데 마지막 언어교수 단계의 경우에는 공인1단계(러시아 대학 입학 자격), 공인2단계(러시아 대학원 입학 자격), 공인3단계(전문적인 활동에 필요한 높은 단계), 공인4단계(전문적인 활동 영역에서 원어민과 대등한 수준: ALTE level-Mastery level)로 나누어져 있다. 자세한 TORFL 전반에 대한 소개는 김진규(2006), 성종환(2005), 정막래·김진규(2007)의 연구를 참조.

TOEIC Speaking과 TORFL 평가 유형 '질문과 대답' 분석

질문과 대답	TOEIC Speaking[4]	TORFL	
		기초 단계	기본 단계
평가 문항	3문항	5문항	
답변 준비 시간	없음	없음	
답변 시간	제1문항과 제2문항은 15초 제3문항은 30초	다섯 문항 총 5분	
평가 기준	· 발음, 억양, 강세 · 문법, 어휘 · 내용 일관성 · 내용 완성도	· 정확한 어법, 음운규칙, 억양구조 실행 여부 · 발화 예절의 준수 여부 · 대화 목적 달성 여부 · 대화 상대자의 의사소통 의도에 대한 이해 여부	
평가 지침	· 3점(질문에 적절하게 응답한다) — 평가자가 이해하는 데 거의 어려움이 없다 — 어휘 선택이 정확하다 — 과제가 요구하는 것을 충족시키는 구문을 사용 · 2점(질문에 대해 연관성 있는 응답을 한다) — 평가자가 이해하는 데 다소 어려움이 있다. — 전체적인 의미는 명확하지만 어휘가 부족한 편이다 — 구문 사용 능력이 부족하여 의미를 해석하는 데 다소 지장을 준다. · 1점(질문에 대해 적절하게 응답하지 못한다) — 표현력이 떨어져서 평가자가 이해하는 데 상당한 어려움이 있다.	· 대화 목적 달성 Адекватность решения коммуникативной задачи · 발화 예절을 지키지 않음 (각 −0.5점) Нарушение норм речевого этикета (-0,5 балла за каждое нарушение) · 정확한 어법을 사용: Соответствие языковым нормам русского языка: — 의사소통에 중대한 실수(각 −1점)[5] — 의사소통에 중대하지 않은 실수 (각 −0.5점) - коммуникативно-значимая ошибка (-1 балл) - коммуникативно-незначимая ошибка (-0,5 баллов) · 음운 규칙, 억양에 중대한 오류 각 −1점 Грубые нарушения фонетико-интонационных норм(-1 балл)	

	- 어휘 사용이 부정확하다. - 구문 사용이 의미 해석을 방해한다. · 0점(무응답이거나 응답과 과제간의 연관성이 없다)	· 완벽한 문장으로 구체적으로 답함 각 +1점 Поощрительные баллы полнота и развернутость высказывания (+1 балл)
평가 배점	3점	문항5*4=20점 문항5*5=25점
평가 방법	컴퓨터에 음성을 녹음하여 ETS (Educational Testing Service)의 On-line Scoring Network로 보내어 평가한다. 한 수험자의 답안지는 두 명의 채점자(Certified Raters)가 채점하며 채점 결과가 별 차이가 없으면 평균을 내지만 현격하게 다를 경우에는 제3자가 개입하여 조정하게 된다.	모든 답변을 녹음테이프에 녹음하여 러시아 연방 교육과학부 산하 기관인 토르플 중앙센터로 보내어 평가한다. 완전한 문장으로 길게 말할수록 점수가 높게 평가된다.

위의 표에서 보듯이 영어 말하기 평가인 **TOEIC Speaking**은 3문항, 외국어로서의 러시아어 시험인 **TORFL**은 5문항으로 질문과 대답을 말하기 평가로 시행하고 있다. 말하기 평가에서의 질문과 대답은 단순히 묻고 대답하는 능력을 평가하는 것이 아니라 3~5개의 문항을 통해 학생들의 감정표현, 정보교환, 사회적 상호작용을 평가할 수 있어야 한다. 그러므로 하나의 주제와 연관된 문항이 질문되어야 할 것이다. 따라서 한국어 말하기 평가도 하나의 주제를 중심으로 다섯 문항 정도를 구성하여 질문과 대답을 평가하는 것이 바람직하다고 생각하였다.

이를 실제 시험에 적용하여 과연 타당성이 있는지도 고민하였다. 말하기 평가를 하면서 많은 학생들의 발화를 녹음하였고 이를 전사한 후에 분석을

---

4) http://www.ets.org 참조.
5) 기본 단계는 각 -2점(-коммуникативно-значимая ошибка (-2 балла))

해 보았다6). 그 결과 문항은 적당하였으나 다른 문제점들이 발견되었다. 질문과 대답의 경우 상대방의 말을 바로 알아듣고 즉각적으로 응답을 해야 하기 때문에 문법에 맞지 않는 말을 할 때도 있으며 독립된 문장보다는 연결어로 계속 이어 말하는 경우가 많았다. 이것은 학생 본인의 한국어 실력과도 관련이 있을 수도 있으나 학생이 한국인과 실제로 대화연습을 한 경험이 없거나 말을 해야 하는 주제나 형식이 시험에서는 일방적으로 주어지기 때문에 답을 할 때 어려움을 느끼는 것이다.

이러한 문제점에 도움을 주기 위하여 다양한 기능에 해당하는 문형들을 정리하여 말하기 자료로 제시하였다. 기능별로 문형을 정리하여 제시한 것은 말하기 평가 후에 학생들의 의견을 수렴하여 결과를 살펴보니 평가를 하는 도중에 학생들이 어휘는 떠오르는 데 기능에 해당하는 문법과 연관하여 말하는 것이 어렵다는 의견이 대부분이었기 때문이다. 기능과 관련된 말하기 자료를 반복하여 연습하면 말하기 평가에서 질문과 대답을 접하는 학생들에게 답을 할 때 느끼는 어려움이 최소화 될 것이다.

이 책에서는 학생들이 질문과 대답에서 수행해야 할 여러 과제를 조사한 후에 그 중에서 30개의 주제를 선정하여 주제별로 연관된 5문항의 질문과 대답을 제시하였으며 학생들이 느끼는 어려운 상황에 도움을 주기 위하여 26개의 기능에 해당하는 문형을 정리하였다.

---

6) 구체적인 내용은 언어권별 질문과 대답 전사 자료 참조.

제 2 장

질문과 대답 초급 단계별 말하기 목표는 무엇인가?

이 책에서는 학생의 수준에 맞는 적절한 난이도를 반영하여 효과성을 높이기 위하여 유럽공통참조기준, 미국외국어교육학회, 한국어능력시험의 초급 말하기 목표를 참조7)하여 질문과 대답 초급 말하기 단계별 목표를 구성하였다.

7)

구분	초급 말하기 목표
유럽공통참조기준 (CEFR)	자신과 다른 사람을 소개할 수 있으며, 다른 사람들에게 어디에 사는지, 어떤 사람을 알고 있는지, 어떤 물건을 가지고 있는지 묻고, 이런 종류의 질문에 답할 수 있다. 대화상대자가 천천히 분명하게 말하고 도와 줄 준비가 되어 있으면 간단한 방식으로 의사소통을 할 수 있다. http://www.cambridgeenglish.org 참조
미국외국어교육학회 (ACTFL OPIc)	직접적인 사회생활에서 복잡하지 않은 일련의 의사소통 과제를 성공적으로 수행할 수 있다. 학습한 문구나 대화 상대로부터 들은 문구의 재조합에 크게 의존하는 방법으로 개인적 의미를 표현할 수 있다. http://www.actfl.org 참조
한국어능력시험 (TOPIK)	'자기 소개하기, 물건 사기, 음식 주문하기' 등 생존에 필요한 기초적인 언어 기능을 수행할 수 있으며 '자기 자신, 가족, 취미, 날씨'

■ 한국어 초급 하(Novice Low) 단계: 8개 주제, 40개 문항

제한적이지만 한국어 단어를 나열하여 간단한 문장으로 말할 수 있는 단계이다. 이 단계에서는 인사하기, 소개하기 등 일상적인 화제로 의사소통을 할 수 있으며, 요일·시간·장소 등 기본적인 화제로 구성된 과제를 해결할 수 있어야 한다.

■ 한국어 초급 중(Novice Mid) 단계: 7개 주제, 35개 문항

이것은 한국어 시제 학습이 끝난 후 일상적인 일부 소재(교통, 가족, 날씨, 전화통화, 여행, 일정 등)에 대해서 문장으로 말할 수 있는 단계에 해당된다.

	등 매우 사적이고 친숙한 화제에 관련된 내용을 이해하고 표현할 수 있다. 약 800개의 기초 어휘와 기본 문법에 대한 이해를 바탕으로 간단한 문장을 생성할 수 있다. 간단한 생활문과 실용문을 이해하고, 구성할 수 있다(초급1). '전화하기, 부탁하기' 등의 일상생활에 필요한 기능과 '우체국, 은행' 등의 공공시설 이용에 필요한 기능을 수행할 수 있다. 약 1,500~2,000개의 어휘를 이용하여 사적이고 친숙한 화제에 관해 문단 단위로 이해하고 사용할 수 있다. 공식적 상황과 비공식적 상황에서의 언어를 구분해 사용할 수 있다(초급2). http://www.topik.go.kr 참조
국방어학원 (Korean Speaking Test)	한글의 모음과 자음을 정확하게 이해하고, 간단한 한국어 문장을 구사할 수 있게 되며, 일상생활에 필요한 기초적인 언어 기능을 수행할 수 있다. 약 1,500개의 어휘를 사용하여 사적이고 친숙한 화제에 관해 문장 단위로 말할 수 있으며, 이를 통해 한국어에 흥미와 자신감을 가질 수 있고, 한국인의 문화를 이해할 수 있다. "한국어 말하기 성취도 평가 체계 개발-질문과 대답-" 국방어학원, 곽부모(2015)

■ 한국어 초급 상(Novice High) 단계: 8개 주제, 40개 문항

이것은 일상적인 대부분의 소재에 대해서 문장으로 말할 수 있는 단계에 해당된다. 이 단계에서는 은행, 우체국 등의 공공장소에서 이루어지는 의사소통뿐만 아니라 친교, 문제 해결 등의 특정 상황에서도 기본적인 의사소통을 할 수 있어야 한다.

■ 한국어 중급 전(Pre-Intermediate) 단계: 7개 주제, 35개 문항

이것은 일상적인 소재뿐만 아니라 개인적으로 익숙한 상황에서는 문장을 구성하여 말할 수 있고 다양한 어휘를 사용하려고 한다. 대화 상대방이 조금만 배려해 주면 대화를 이끌어 가며 말할 수 있는 단계에 해당된다. 이 단계에서는 일상적이고 친숙한 대부분의 상황에서 별 어려움 없이 의사소통을 할 수 있어야 하고 자신의 관심 분야에 대해서도 의사소통을 할 수 있어야 한다.

제 3 부

질문과 대답 문항

주제별 질문과 대답

주제별 질문과 대답 문항은 일상생활에서 실제로 사용하는 빈도가 높은 것과 학생의 수준에서 해결할 수 있는 다양한 주제를 선정하여 주제에 대해 서로 이야기를 주고받으며 말하기의 상호작용을 극대화할 수 있도록 고려하였다. 주제는 총 30개로 초급 상, 중, 하, 중급 전단계로 나누어 여러 대학 한국어교육기관의 교재와 한국어능력시험 초급(TOPIK I)의 내용을 참조하여 선정하였다. 그리고 초급 말하기 목표에 맞는 어휘와 문법을 평가할 수 있도록 최대한 반영하여 제시하였다.

■ 한국어 초급 하 단계
　자신을 소개하기, 사물 위치를 설명하기, 주말일상에 대해 말하기, 날짜와 요일 말하기, 하루 일과 말하기, 약속 정하기, 휴가 경험 말하기, 가격 말하기.

■ **한국어 초급 중 단계**

목적지에 가는 방법 말하기, 가족 소개하기, 고향의 날씨와 계절에 대해
말하기, 생일파티 계획 말하기, 한국어 공부 방법에 대해 말하기, 자신의
능력에 대해 말하기, 자신의 생각을 제안하기.

■ **한국어 초급 상 단계**

은행에서 환전하기, 학교 시설에 대해 말하기, 한국음식 소개하기, 한국
생활 경험에 대해 말하기, 여행 경험에 대해 말하기, 식사 예절에 대해
말하기, 아팠던 경험 말하기, 받은 생일 선물에 대해 이야기하기.

■ **한국어 중급 전 단계**

친한 친구를 소개하기, 좋아하는 운동과 선수에 대해 말하기, 한국어 때
문에 실수한 경험 이야기하기, 자신의 성격에 대해 말하기, 한국의 날씨
와 계절에 대해 설명하기, 한국에서의 여행 경험 말하기, 학교에서의 생
활 경험 말하기.

한국어 초급 하(Novice Low) 단계

번호	주제	출제 의도	답변시간
1	자신을 소개하기		2분
2	사물 위치를 설명하기		2분
3	주말일상에 대해 말하기		2분
4	날짜와 요일 말하기	제한적인 수준이지만 배운 문법과 단어를 나열하여 간단한 문장으로 말할 수 있는지 평가	2분
5	하루 일과 말하기		2분
6	약속 정하기		2분
7	휴가 경험 말하기		2분
8	가격 말하기		2분

1) 자기소개를 주제로 질문에 대답하기(난이도 하)

순서	질문과 예시 답안	목표 문법
1	**이름이** 무엇입니까? → 수미입니다.	-이/가
2	**직업은** 무엇입니까? → 학생입니다.	-은/는
3	어느 나라 사람입니까? → 러시아 **사람입니다.**	-ㅂ니다/습니다
4	지금 **어디에서** 삽니까? → 학교 **기숙사에서** 삽니다.	-에서
5	무슨 **운동을** 좋아합니까? → 저는 **축구를** 좋아합니다.	-을/를

2) 위치와 관련된 주제로 질문에 대답하기(난이도 중)

순서	질문과 예시 답안	목표 문법
1	_____의 기숙사는 **어디에** 있습니까? → I동 **2층에** 있습니다.	-에 있습니다.
2	_____의 방에는 무엇이 있습니까? → **냉장고와** 텔레비전이 있습니다.	-와/과
3	냉장고는 **어디에** 있습니까? → 소파 **오른쪽에** 있습니다.	위치(오른쪽)
4	가방 **안에** 무엇이 있습니까? → 연필과 공책이 있습니다.(**책만** 있습니다.)	위치(안에) -만
5	책상 **위에** 무엇이 있습니까? → 볼펜과 책이 있습니다.	위치(위에)

3) 주말 일상을 주제로 질문에 대답하기(난이도 상)

순서	질문과 예시 답안	목표 문법
1	주말에 **보통** 무엇을 합니까? → 운동을 **하고** 청소를 합니다.	-고(순차)
2	주말에 보통 **누구를** 만납니까? → **친구를** 만납니다.	-을/를
3	그 사람과 보통 **어디에서** 만납니까? → **이태원에서** 같이 만납니다.	-에서
4	그곳에서 그 사람과 같이 보통 무엇을 합니까? → 같이 러시아 **음식도** 먹고 **술도** 마십니다.	-도
5	시간이 **있으면** 보통 **어디에 갑니까?** → **신촌에 갑니다.**	-(으)면 -에 가다

4) 날짜와 요일을 주제로 질문에 대답하기(난이도 하)

순서	질문과 예시 답안	목표 문법
1	_____은/는 언제 **한국에 왔습니까?** → 3월 **1일에** 한국에 왔습니다.	-에 가다/오다 -에(날짜)
2	한국어 수업은 무슨 요일에 있습니까? → 한국어 수업은 **월요일부터 금요일까지** 있습니다.	-부터 -까지
3	한국어 과정은 **언제 끝납니까?** → 12월 **18일에 끝납니다.**	-에 끝나다
4	**언제부터** 휴가입니까? → 7월 **20일부터** 휴가입니다.	-부터
5	휴가에는 무엇을 **할 겁니까?** → 친구와 여행을 **할 겁니다.**	-(으)ㄹ 겁니다(미래시제)

5) 하루 일과를 주제로 질문에 대답하기(난이도 중)

순서	질문과 예시 답안	목표 문법
1	보통 언제 일어납니까? → 보통 **8시**에 일어납니다.	시간
2	**일어난 후에** 무엇을 합니까? → 운동을 하고 아침 식사를 합니다.	-(으)ㄴ 후에
3	한국어 수업은 **몇 시부터 몇 시까지 합니까?** → 9시 **30분부터 오후 1시까지** 합니다.	-부터-까지
4	수업 **후에** 보통 무엇을 합니까? → **친구들과 축구를** 합니다.	-을/를 -후에 -와/과
5	**자기 전에** 보통 무엇을 합니까? → 저녁을 먹고 한국어 숙제를 합니다.	-기 전에

6) 약속 장소와 시간을 주제로 질문에 대답하기(난이도 중)

순서	질문과 예시 답안	목표 문법
1	이번 주 토요일에 **시간이 있습니까?** → 토요일에 **시간이 있습니다.** 무슨 **일이 있습니까?**	-이/가 있다
2	주말에 무엇을 **하고 싶습니까?** → 이태원에 **가고 싶습니다.** (영화를 **보고 싶습니다.**)	-고 싶다
3	그럼, 이번 주말에 같이 식사를 **할까요?** → 좋습니다. 같이 **식사합시다.**	-(으)ㄹ까요? -(으)ㅂ시다
4	무슨 음식을 **먹을까요?** → 한국 음식을 **먹읍시다.**	-(으)ㄹ까요? -(으)ㅂ시다
5	어디에서 몇 **시에** 만날까요? → 이태원역 2번 **출구에서** 오후 3**시에** 만납시다.	-에, -에서

7) 휴가를 주제로 질문에 대답하기(난이도 상)

순서	질문과 예시 답안	목표 문법
1	지난 여름 휴가 **때** 무엇을 **했습니까?** → 여행을 **했습니다.**	**때** -았/었/했- (과거시제)
2	이번 여름 휴가는 **언제부터 언제까지입니까?** → 7월 **17일부터 31일까지입니다.**	-부터 -까지
3	이번 여름 휴가 때 어디에 **갈 겁니까?** → 부산과 제주도에 **갈 겁니다.**	-(으)ㄹ 겁니다(미래시제)
4	**누구와 같이** 갈 겁니까? → **친구와 같이** 갈 겁니다.	-와/과 같이(함께)
5	그곳에서 무엇을 **하고 싶습니까?** → 바다에서 수영을 **하고 싶습니다.**	-고 싶다

8) 가격과 관련된 주제로 질문에 대답하기(난이도 하)

순서	질문과 예시 답안	목표 문법
1	보통 **어디에서** 식료품을 삽니까? → 기숙사 앞 **마트에서** 삽니다.	-에서
2	그곳에서 지난주에 **무엇을** 샀습니까? → 우유와 **빵을** 샀습니다.	-을/를, 과거시제
3	우유와 빵은 얼마입니까? → **우유는 1,000원이고 빵은** 2,000원입니다.	-은/는, -고
4	그럼, _____은/는 두 **개에** 얼마입니까? → 두 **개에** 2,000원입니다.	단위명사(개)
5	그 **곳의** 식료품 가격은 어떻습니까? → 쌉니다/비쌉니다.	-의

한국어 초급 중(Novice Mid) 단계

번호	주제	출제의도	답변시간
1	목적지에 가는 방법을 말하기		2분
2	가족 소개하기		2분
3	고향의 날씨와 계절에 대해 말하기		2분
4	생일파티 계획 말하기	이미 암기한 단어나 문장으로 일상적인 일부 소재에 대해서 말하기를 할 수 있는지를 평가	2분
5	한국어 공부 방법에 대해 말하기		2분
6	자신의 능력에 대해 말하기		2분
7	자신의 생각을 제안하기		2분

1) 목적지에 가는 방법을 주제로 질문에 대답하기(난이도 하)

순서	질문과 예시 답안	목표 문법
1	좀 **도와주시겠습니까?** 부산에서 서울까지 어떻게 **가야 합니까?** → 시외버스/기차를 타세요.	–아/어/해 주세요 –아/어/해야 하다 –에서 –까지
2	어디에서 어떤 버스를 타야 합니까? → 시외버스터미널에서 동서울 시외버스를 **타세요.**	–(으)세요
3	그 버스를 타면 서울 **어디에서 내립니까?** → 동서울버스터미널에서 **내립니다.**	–에서 내리다
4	그곳에서 이태원까지 어떻게 갑니까? → 강변역에서 지하철 2호선을 타세요. 그리고 신당역에서 **3호선으로 갈아타세요.**	–(으)로 갈아타다
5	이태원역까지는 **시간이 보통 얼마나 걸립니까?** → 강변역에서 이태원역까지는 40분 정도 걸립니다.	시간이 걸리다

2) 가족 소개를 주제로 질문에 대답하기(난이도 중)

순서	질문과 예시 답안	목표 문법
1	_____의 가족은 모두 몇 명입니까? → 모두 네 명입니다.	숫자(고유어)
2	형제(자매)가 어떻게 됩니까? → 형이 하나, 남동생이 하나 있습니다.	가족 관계
3	부모님께서는 지금 어디에 계십니까? → 러시아에 계십니다.	높임말 '계시다' -께서는
4	부모님께서는 무슨 일을 하십니까? → 아버지는 회사원이시고, 어머니는 교사이십니다.	높임말
5	아버님(어머님)께서는 연세가 어떻게 되셨습니까? → 일흔 네 살 되셨습니다.	높임말 '연세'

3) 고향 날씨와 계절을 주제로 질문에 대답하기(난이도 상)

순서	질문과 예시 답안	목표 문법
1	오늘 날씨는 어떻습니까? → 하늘이 **맑고 시원합니다.**	**-고, 형용사**
2	_____은/는 **무슨** 날씨를 가장 좋아합니까? → 눈이 내리고 **추운 날씨를** 가장 좋아합니다.	**(관형사형)** **-(으)ㄴ 명사**
3	_____의 고향에는 **어떤** 계절이 있습니까? → (봄, 여름, 가을, 겨울)사계절이 있습니다.	**무슨(어떤)**
4	봄, 여름, 가을, 겨울의 날씨는 어떻습니까? → 봄은 따뜻합니다. 여름은 **덥고** 장마가 있습니다. 　가을은 시원합니다. 겨울은 **춥지만** 공기가 따뜻 　합니다. (학생 나라의 계절 고려)	**-고, -지만**
5	그 계절에 사람들은 보통 무엇을 합니까? → 봄에는 등산을 **하고** 여름에는 수상스키를 탑니다.	**-고(순차)**

4) 생일파티를 주제로 질문에 대답하기(난이도 하)

순서	질문과 예시 답안	목표 문법
1	내일은 **누구의** 생일파티입니까? → **스티브의** 생일파티입니다.	-의
2	생일파티는 어디에서 **할 겁니까?** → 신촌에 있는 중국식당에서 **할 겁니다.**	미래시제
3	내일 모두 **몇 명**이 올 겁니까? → 선생님과 3반 학생 모두 **12명이** 올 겁니다.	단위명사
4	생일파티 회비는 얼마입니까? → 각자 **20,000원**입니다.	가격
5	_____은/는 내일 생일파티 **때** 무엇을 준비할 겁니까? → 스티브가 **좋아하는** 러시아 보드카를 준비할 겁니다.	관형사형

5) 한국어 공부를 주제로 질문에 대답하기(난이도 상)

순서	질문과 예시 답안	목표 문법
1	왜 한국어를 공부합니까? → 한국대학교에 **입학해야 해서** 한국어를 공부합니다.	**-아/어/여야** **해서(이유)**
2	한국어 공부는 어떻습니까? → 한국어 공부는 **어렵지만** 재미있습니다.	**-지만**
3	듣기, 말하기, 읽기, 쓰기 **중에서** 무엇이 **가장** 어렵습니까? 왜 그것이 **가장** 어렵습니까? → 한국 사람과 말하기를 연습할 기회가 없어서 말하기가 **가장** 어렵습니다.	**중에서 제일/가장**
4	그러면 한국어 말하기 연습은 어떻게 합니까? → 한국드라마를 **보거나** 기숙사 식당 아주머니와 연습합니다.	**-거나**
5	한국어를 **잘하려면** 어떻게 해야 합니까? → 매일 한국어로 생각하고 한국어만 **사용해야 합니다.**	**-(으)려면** **-아/어/여야 하다**

6) 능력에 대해 질문에 대답하기(난이도 중)

순서	질문과 예시 답안	목표 문법
1	_____은/는 **어떤** 운동을 좋아합니까? → 저는 축구, 야구, 농구를 좋아합니다.	**어떤**
2	그 **중에서 어떤** 운동을 **가장** 잘합니까? → 저는 축구를 **가장** 잘합니다.	**중에서 제일/가장**
3	언제부터 그 운동을 시작했습니까? → 운동을 **좋아해서** 초등학교 **때부터** 운동을 했습니다.	**-아/어/여서 (이유)**
4	어떤 요리를 **할 수 있습니까?** → 몽골 전통 요리 보쮀를 **요리할 수 있습니다.**	**-(으)ㄹ 수 있다/없다**
5	한국 음식 **중에서** 어떤 음식을 먹을 수 있습니까? → 김치와 불고기를 먹을 수 있습니다.	**중에서**

7) 제안하기를 주제로 질문에 대답하기(난이도 중)

순서	질문과 예시 답안	목표 문법
1	아내(가족)가 한국에 올 겁니다. 공항**까지 어떻게 가면** 좋을까요? → 신촌역에서 공항리무진버스를 타세요.	미래시제 -(으)면 -까지
2	아내와 같이 어디에 **가면 좋을**까요? → 롯데월드나 에버랜드에 가세요. 　(민속촌에 가세요.)	-(으)면 -(으)ㄹ까요?
3	그곳에는 언제 가면 좋을까요? → 주말에는 사람이 **많으니까** 평일에 가세요.	-(으)니까
4	아내와 같이 **어떤** 한국음식을 먹으면 좋을까요? → 불고기가 맵**지 않으니까** 불고기를 같이 드세요.	어떤 -지 않다
5	아내를 위해서 무슨 한국선물을 사면 좋을까요? → 인사동에서 한국 전통 기념품을 **사세요.**	-(으)세요

한국어 초급 상(Novice High) 단계

번호	주제	출제의도	답변시간
1	은행에서 환전하기		2분
2	학교 시설에 대해 말하기		2분
3	한국음식 소개하기		2분
4	한국생활 경험에 대해 말하기	대화에 자신감을 가지고 말하며 일상적인 대부분의 소재에 대해서 문장으로 말할 수 있는지를 평가	2분
5	여행 경험에 대해 말하기		2분
6	식사 예절에 대해 말하기		2분
7	의사에게 증상 설명하기		2분
8	받은 생일 선물에 대해 이야기하기		2분

1) 환전을 주제로 질문에 대답하기(난이도 하)

순서	질문과 예시 답안	목표 문법
1	____은/는 보통 어떤 은행을 이용합니까? → 학교 앞에 **있는 한국은행을** 자주 이용합니다.	-는 N
2	왜 그 은행을 이용합니까? → 학교에서 **가까워서** 자주 이용합니다.	-아/어/여서 (이유)
3	은행에서 어떤 **돈을** 환전해 보았습니까? → 미국 달러를 한국 **돈으로 환전해 보았습니다.**	-을/를 -(으)로 -아/어/해 보다
4	환전을 **할 때** 필요한 것은 무엇입니까? → **여권이나** 외국인 등록증이 필요합니다.	-(으)ㄹ 때 -(이)나
5	얼마나 **자주** 환전을 합니까? → 한 달에 두 번 정도 환전을 합니다.	빈도부사

2) 학교 시설을 주제로 질문에 대답하기(난이도 하)

순서	질문과 예시 답안	목표 문법
1	학교 식당은 **어디에 있습니까?** → 기숙사 건물 **1층에 있습니다.**	-에 있다
2	학교 식당 시설과 음식은 어떻습니까? → 학교 식당은 **깨끗하고** 음식도 맛있습니다.	-고
3	한국어 교실은 어디에 있습니까? → 국제교육원이 **있는 건물**에 있습니다.	-는 N
4	기숙사 세탁실은 어디에 있습니까? → 기숙사 건물 **층마다** 있습니다.	-마다
5	학교 시설 중에서 가장 **좋아하는 시설**은 무엇입니까? → 축구를 **할 수 있는 운동장**을 가장 좋아합니다.	-는 N

3) 한국음식을 주제로 질문에 대답하기(난이도 중)

순서	질문과 예시 답안	목표 문법
1	한국음식 중에서 **좋아하는 음식**은 무엇입니까? → 불고기와 삼계탕을 좋아합니다.	-는 N
2	외국인 친구에게 **소개하고 싶은 음식**은 무엇입니까? → 삼계탕을 소개하고 싶습니다.	-(으)ㄴ N
3	왜 그 음식을 소개하고 싶습니까? → 맛있고 영양이 **많아서** 소개하고 싶습니다.	-아/어/여서 (이유)
4	한국 음식 중에서 못 **먹는 음식**은 무엇입니까? → 두부와 묵입니다.	-는 N
5	왜 그 음식을 못 먹습니까? → **먹을 때** 젤리(과자) **같거든요.**	-(으)ㄹ 때 -거든요

4) 한국 생활을 주제로 질문에 대답하기(난이도 상)

순서	질문과 예시 답안	목표 문법
1	한국에서 **생활한 지** 얼마나 되었습니까? → 한국에서 **생활한 지** 9개월이 되었습니다.	-(으)ㄴ 지
2	한국어 공부는 어떻습니까? → 한국어 공부는 **재미있는데** 말하기가 어렵습니다.	-(으)ㄴ데/는데
3	한국어 말하기를 **잘하려면** 어떻게 해야 할까요? → 한국 사람과 자주 이야기해야 합니다.	-(으)려면
4	지금보다 한국말을 더 **잘하면** 무엇을 하고 싶습니까? → 한국 친구를 많이 사귀고 싶습니다.	-(으)면
5	한국에서 생활하는 **동안** 하고 싶은 일은 무엇입니까? → 한국의 여러 도시를 여행하고 싶습니다.	-는 동안

5) 여행 경험을 주제로 질문에 대답하기(난이도 중)

순서	질문과 예시 답안	목표 문법
1	한국에서 어디를 **여행해 보았습니까?** → 민속촌과 독립기념관에 **가 보았습니다.**	**-아/어/여 보다**
2	여행한 곳 **중에서** 어디가 **가장** 재미있었습니까? → 민속촌이 **가장** 재미있었습니다.	**중에서 가장** **-(으)ㄴ 곳**
3	왜 그곳이 가장 재미있었습니까? → 사물놀이를 **볼 수 있어서** 재미있었습니다.	**-(으)ㄹ 수 있다**
4	다음에 한국에서 여행하고 싶은 곳이 있습니까? → 부산과 제주도를 **여행했으면 좋겠습니다.**	**-았/었/였으면** **좋겠다**
5	왜 그곳을 여행하고 싶습니까? → 우리나라에는 바다가 **없어서** 바다를 보고 싶습니다.	**-아/어/여서** **(이유)**

6) 예절을 주제로 질문에 대답하기(난이도 중)

순서	질문과 예시 답안	목표 문법
1	언제 한국 사람과 같이 식사를 **했습니까?** → 지난 주말에 한국친구의 가족과 같이 식사를 **했습니다.**	**과거시제**
2	그 사람들과 같이 무엇을 먹었습니까? → **맛있는** 불고기와 비빔밥을 먹었습니다.	-는 N
3	친구의 아버님(어머님)은 나이가 많습니까? 적습니까? → 저희 **아버지보다** 5살 **더** 많습니다.	**보다 더**
4	나이가 많은 사람과 술을 **마실 때** 어떻게 해야 합니까? → 두 손으로 술을 따라야 합니다.	-(으)ㄹ 때
5	식사를 할 때 식탁에서 코를 **풀어도 됩니까?** → 아니요, 식탁에서 코를 풀면 **안 됩니다.**	-아/어/여도 되다 안 V

7) 아팠던 경험을 주제로 질문에 대답하기(난이도 상)

순서	질문과 예시 답안	목표 문법
1	요즘 병원에 **간 적이** 있습니까? → 네, **간 적이** 있습니다.	-(으)ㄴ 적
2	언제 병원에 갔습니까? → 한 달 **전에** 갔습니다.	전에
3	어디가 **아파서** 갔습니까? → 머리가 **아파서** 갔습니다.	-아/어/여서
4	**증상이** 어땠습니까? → **어지럽고 두통이** 심했습니다.	(증상) 어지럽다 두통
5	어떤 약을 먹었습니까? → **하루에 한 번** 두통약을 먹었습니다.	빈도

8) 생일 선물을 주제로 질문에 대답하기(난이도 상)

순서	질문과 예시 답안	목표 문법
1	생일이 언제입니까? → 다음주 **토요일입니다**.	요일
2	생일에 보통 무엇을 합니까? → 친구들과 같이 생일파티를 **하고** 술도 마십니다.	-고
3	지금까지 **받은 선물** 중에서 무엇이 제일 좋았습니까? → 친구가 직접 **만든 연필통**이었습니다.	-(으)ㄴ
4	다음 생일에는 무슨 선물을 받고 싶습니까? → 책을 선물 **받았으면 좋겠습니다**.	-았/었/였으면 좋겠다
5	왜 그 선물을 받고 싶습니까? → 책 읽**는 것**을 좋아해서 책을 받았으면 좋겠습니다.	-는 것

한국어 중급 전(Pre-Intermediate) 단계

번호	주제	출제의도	답변시간
1	친한 친구를 소개하기		3분
2	좋아하는 운동과 선수에 대해 말하기		3분
3	한국어 때문에 실수한 경험 이야기하기	일상적인 소재뿐만 아니라 개인적인 경험을 활용하여 말할 수 있는지를 평가	3분
4	자신의 성격에 대해 말하기		3분
5	한국의 날씨와 계절에 대해 설명하기		3분
6	한국에서의 여행 경험을 말하기		3분
7	학교에서의 생활 경험 말하기		3분

1) 친한 친구 소개하기를 주제로 질문에 대답하기(난이도 중)

순서	질문과 예시 답안	목표 문법
1	한국어 과정에서 가장 **친한 친구**는 누구입니까? → 저와 가장 **친한 친구**는 세르게이입니다.	-(으)ㄴ
2	그 동료의 **외모와 성격**은 어떻습니까? → 키도 크고 아주 적극적인 친구입니다.	외모, 성격
3	언제, 어디에서 처음 **만나게 되었습니까**? → 올해 3월에 학교에서 처음 **만나게 되었습니다.**	-게 되다
4	그 친구와 어떻게 **가깝게 되었습니까**? → 수업 후에 매일 같이 운동을 **하면서 가깝게 되었습니다.**	-게 되다 -(으)면서
5	그 친구가 마음에 드는 이유는 무엇입니까? → 같이 운동도 하고 공부도 하면서 서로가 **비슷한 것**을 알게 **되었습니다.** 그리고 우리는 좋은 친구가 **되었습니다.**	-(으)ㄴ 것 -이/가 되다

2) 좋아하는 운동과 선수를 주제로 질문에 대답하기(난이도 중)

순서	질문과 예시 답안	목표 문법
1	평일에 **얼마나 자주**, 누구와 어떤 운동을 합니까? → 평일에 **세 번 정도** 친구들과 같이 축구를 합니다.	빈도부사
2	**보통 어디에서** 그 운동을 합니까? → 보통 **운동장에서 축구를 합니다.**	-에서 -을/를
3	그 운동을 **하면** 좋은 점은 무엇입니까? → 친구들과 **가깝게 되고** 즐거운 추억도 만들 수 있습니다.	-게 되다 -(으)면 -(으)ㄴ -(으)ㄹ 수 있다
4	**좋아하는 한국 축구선수는** 누구입니까? → 차두리 선수를 좋아합니다.	-는 N
5	왜 그 선수를 **좋아하게 되었습니까?** → 쉬지 않고 뛰는 모습이 마음에 들었습니다.	-게 되다

3) 한국어 실수 경험을 주제로 질문에 대답하기(난이도 상)

순서	질문과 예시 답안	목표 문법
1	한국어 때문에 실수한 경험이 언제 있었습니까? → 여름 방학 **때** 있었습니다.	때
2	무슨 실수를 했습니까? → 친구와 지하철역에서 **만나기로 했는데** 실수했습니다.	-는데 -기로 하다
3	왜 그 실수를 하게 되었습니까? → 친구가 말한 목적지는 **신촌인데** 신천으로 생각했습니다.	-인데
4	**실수한 후**에 어떻게 했습니까? → 목적지와 다른 곳에서 계속 기다렸습니다.	-(으)ㄴ 후에
5	그 실수가 한국어를 배우는데 도움이 되었습니까? → 네, 그 후로 발음에 **신경을 쓰게 되었습니다.**	-게 되다

4) 성격과 기분을 주제로 질문에 대답하기(난이도 중)

순서	질문과 예시 답안	목표 문법
1	_____은/는 성격이 어떻습니까? → 처음에 한국에 **왔을 때**는 **조용한 성격이었는데** 지금은 **활발해졌습니다.**	-(으)ㄹ 때 -는데 -아/어/여지다
2	_____은/는 보통 언제 **기분이 좋습니까?** → 저는 운동을 **하면 기분이 좋습니다.**	-(으)면 -이/가 좋다
3	_____은/는 보통 언제 화가 납니까? → 시험 점수가 **나쁠 때** 스스로 화가 납니다.	-(으)ㄹ 때
4	_____은/는 보통 언제 스트레스를 받습니까? → 친구들 앞에서 발표를 **할 때** 스트레스를 받습니다.	-(으)ㄹ 때
5	_____은/는 스트레스가 쌓이면 보통 어떻게 풉니까? → 영화를 **보거나** 친구들과 같이 축구를 해서 풉니다.	-거나

5) 날씨를 주제로 질문에 대답하기(난이도 하)

순서	질문과 예시 답안	목표 문법
1	한국의 여름 날씨는 어떻습니까? → 한국의 여름 날씨는 아주 **덥고** 비가 많이 옵니다.	-고
2	한국의 여름은 **지내기가 어떻습니까?** → 비가 많이 오고 기온이 높아서 **지내기가 힘듭니다.**	-기(가) 힘들다
3	**어떤 날씨를** 가장 좋아합니까? → 눈이 오고 **추운 날씨를** 좋아합니다.	-(으)ㄴ
4	지금 _____의 고향 **날씨는** 어떻습니까? → 아주 춥습니다. 지금 제 **고향은** 겨울입니다.	-은/는
5	어떤 계절을 가장 좋아합니까? 왜 그 **계절을 좋아합니까?** → 스키장에서 스키를 **탈 수 있어서 겨울이 좋습니다.**	-이/가 좋다 -을/를 좋아하다 -(으)ㄹ 수 있다

6) 한국에서의 여행 경험을 주제로 질문에 대답하기(난이도 중)

순서	질문과 예시 답안	목표 문법
1	한국에서 마지막으로 **여행한 곳**은 어디입니까? → 마지막으로 **여행한 곳**은 부산입니다.	-(으)ㄴ 곳
2	그곳에서 무엇을 보았습니까? → **아름다운** 바다를 보았습니다. 정말 **아름다웠습니다.**	ㅂ불규칙
3	그곳에서 무엇을 먹었습니까? → 자갈치 시장에서 **신선한 생선회**를 먹었습니다.	-(으)ㄴ
4	그곳에서 무엇을 했습니까? → 낮에는 수영을 하고 저녁에는 **맛있는 음식**을 먹었습니다.	-는 N
5	그곳에서 여행하는 중에 가장 재미있는 일은 무엇이었습니까? → 버스를 **잘못** 타서 예약한 호텔을 **찾기 어려웠지만** 친절한 부산 사람들 덕분에 호텔을 찾을 수 있었습니다.	-기(가) 어렵다 -지만 -못 V

7) 한국어 공부 경험을 주제로 질문에 대답하기(난이도 상)

순서	질문과 예시 답안	목표 문법
1	한국에서 한국어를 **배워 보니까** 어땠습니까? → 한국어는 어려웠지만 재미있게 배울 수 있었습니다.	-아/어/여-(으)니까
2	후배에게 소개하고 **싶은 한국어** 공부 방법은 무엇입니까? → 숙제를 매일 해야 합니다.	-(으)ㄴ
3	한국에서 살아 보니까 어땠습니까? → 처음에는 매운 한국음식을 **못 먹어서 걱정이었는데** 지금은 김치 없이는 음식을 먹을 수 없게 되었습니다.	-아/어/여서 걱정이다
4	한국에 **오기 전에** 무엇을 준비해야 할까요? → 한글은 반드시 공부하고 와야 합니다.	-기 전에
5	한국에서 **생활하면서** 바라는 것은 무엇입니까? → 한국의 여러 도시를 여행할 수 있**으면 좋겠**습니다.	-(으)면서 -(으)면 좋겠다

제 2 장
기능별 질문과 대답

기능별로 질문과 대답을 구성하여 연습하는 것은 기존 초급 한국어교재와 연계하여 일상생활과 관련된 상황에서 한국어를 사용할 수 있는 능력을 기르는 데 도움이 될 것이다. 기능별로 제공된 질문과 대답을 통하여 학습자는 본인이 수행한 대화를 다시 한 번 확인할 수 있으며 실제 의사소통 상황에서 접하게 되는 다양한 주제별 언어적 표현에 대해 적절한 발화를 생산해 낼 수 있을 것이다. 나아가 학습자가 질문과 대답이라는 말하기 평가를 유연하게 대처하는 능력을 키우는 데에 도움이 될 것이다. 또한 기능에 따른 목표문형으로 반복 학습할 수 있다는 점은 질문과 대답을 할 때 주요 메시지만을 포함하고 생략된 문장으로 말하는 학습자들에게 보다 대화 상황에 맞게 말하기를 유도할 수 있을 것이다.[8]

---

[8] 교육자료를 통한 말하기 향상 방안 - 대화쌍을 통한 말하기 안내서-, 국방어학원 한국어학처 제3차 워크숍, 곽부모(2014).

여러 한국어교육기관의 초급 한국어교재에서 제시된 문형 및 문장을 26가지 기능별 표현으로 나누어 정리 분석하여 질문과 대답 평가에 도움을 주고자 하였다. 26가지 기능은 다음과 같다.

■ 기능 : 시제, 부정, 나열, 대조, 비교, 시간, 능력, 가능, 의무, 허락, 요청 (요구, 명령), 금지, 소망, 이유(원인), 시도, 경험, 제안(의견 묻기), 의지, 추측, 예측, 추천(조언), 의도(목적), 조건(가정), 설명, 사실 확인, 성질(속성)로 나누어 말하기를 구성

기능별 질문과 대답 구성

표현 기능	목표 문형
시제	무엇을 **합니까?**(현재)
	무엇을 **해요?**(현재)
	무엇을 하고 **있습니까?**(현재)
	무엇을 **했습니까?**(과거)
	주말에 무엇을 했습니까? → 제주도에 **갔었습니다.**(과거)
	무엇을 **할 겁니까?**(미래)
부정	학교에 **안** 갑니다.
	학교에 **가지 않습니다.**
	학교에 **못** 갑니다. 학교에 **가지 못합니다.**
나열	운동을 **하고** 책을 읽습니다.
	운동을 **하거나** 책을 읽습니다.
대조	겨울은 **춥지만** 여름은 덥습니다.
	겨울은 **추운데** 여름은 덥습니다.
비교	아이누르는 **라지즈보다** 축구를 더 잘 합니다.
	우리 반에서 세르게이가 **제일** 빠릅니다. 한국 음식 **중에서** 김치가 **제일** 맛있습니다.
	남자는 **여자에 비해서** 밥을 많이 먹습니다.
시간	대학생 **때** 아내를 만났습니다. 책을 읽을 **때** 안경을 씁니다.
	점심시간 **전에**(↔후에) 무엇을 합니까? 점심을 **먹기 전에**(↔먹은 후에) 무엇을 합니까? 점심을 **먹고 나서** 무엇을 합니까?
	스티브는 지금 휴가 **중입니다.**
	탈리나는 휴가 **동안** 어디에 갈 겁니까? 저는 운전하는 **동안** 전화를 하지 않습니다.

	점심을 **먹자마자** 숙소에 갔습니다.
	점심을 **먹다가** 전화를 받았습니다.
	운동을 **하면서** 음악을 듣습니다.
	한국어를 배운 **지** 오년이 되었습니다.
능력	운전을 **할 수 있습니다/없습니다.**
가능	운전을 **할 줄 압니다/모릅니다.**
의무	내일까지 숙제를 **해야 됩니다.**
허락	내일까지 숙제를 **하지 않아도 됩니다.**
	내일까지 숙제를 **해도 됩니다.**
요청, 요구, 명령	조용히 **하세요/하십시오.**
	천천히 말해 **주세요.** 천천히 말해 **주시겠습니까?**
금지	수업시간에 휴대전화를 **사용하지 마십시오.**
	수업시간에 휴대전화를 **사용하면 안 됩니다.**
소망	휴가에 무엇을 하고 **싶습니까?**
	제주도에 **갔으면 좋겠습니다.**
이유(원인)	내일 시험이 **있으니까** 열심히 공부합시다.
	내일 시험이 **있어서** 오늘은 축구를 할 수 없습니다.
	오늘은 축구를 할 수 없습니다. 내일 시험이 **있거든요.**
	시험공부를 **하느라고** 친구를 못 만났습니다. 갑자기 배탈이 나는 **바람에** 시험을 못 봤습니다.
	매운 음식을 **먹었기 때문에** 배탈이 났습니다. 매운 음식 **때문에** 배탈이 났습니다. 배가 **고프기 때문에** 밥을 많이 먹었습니다.
시도	이 신발을 한 번 **신어 보세요.**
경험	지난 주에 처음 번지점프를 **해 봤습니다.**
	번지점프를 **한 적이 있습니다/없습니다.**

의견 묻기 (제안)	주말에 이태원에 **갈까요?** 네, 같이 **갑시다.**
	주말에 이태원에 **갈래요?** 네, 같이 **가요.**
의지	수업에 지각하지 **않겠습니다.**
	수업에 지각하지 **않을래요.**
추측	날씨가 흐려요. 비가 **올 것 같습니다.**
	루슬란, 잠을 못 잤습니까? **피곤해 보입니다.**
예측	알팟은 어디에 있는지 알아요? 보통 수업 후에 축구를 하는데 내일 시험이 있으니까 교실에 **있을지 몰라요.**
추천(조언)	목이 아픕니다. → 물을 자주 **마시도록 하세요.**
	불고기를 먹어 봤어요? 맵지 않아서 **먹을 만합니다.**
	내일 스티브의 생일이니까 선물을 준비하는 **게 어때요?** 내일 스티브의 생일이니까 선물을 준비하는 **게 좋겠어요.**
의도(목적)	가을에 **결혼하기로 했습니다.**
	가을에 **결혼할까 합니다.**
	가을에 **결혼하기 위해서** 돈을 모아야 합니다.
	가을에 **결혼하려고 합니다.**
조건(가정)	한국에 **가면** 한국어를 공부할 겁니다.
	한국어를 **공부하려면** 한국에 가야 합니다.
상황 설명	늦잠을 자서 시험시간에 **늦을 뻔했습니다.**
	오늘은 좀 **바쁜데** 내일 만나도 괜찮습니까?
사실 확인	3월에 한국에 **오셨지요?**
	어디에서 한국어를 **공부하는지** 모르겠습니다. 이태원에 어떻게 **가는지 아십니까?**
성질(속성)	레나르는 매운 음식을 잘 **먹는 편입니다.** 서울은 물가가 **비싼 편입니다.**

1) 시제(Tenses)

시제	대화쌍(The adjacency pair of Dialogue)
현재 (Present tense)	가: 무엇을 **합니까?**(The formal polite style) 나: 한국어를 **공부합니다.**(한국어 책을 **읽습니다.**)
현재 (Present tense)	가: 무엇을 **해요?**(The informal polite style) 나: 한국어를 **공부해요.**(한국어 책을 **읽어요.**)
현재(진행) (Present tense: Progressive)	가: 지금 무엇을 하고 **있어요?/있습니까?** 나: 한국어를 공부하고 **있어요./있습니다.** (한국어 책을 읽고 **있어요./있습니다.**)
과거 (Past tense)	가: 어제 무엇을 **했어요?/했습니까?** 나: 한국어를 **공부했어요./공부했습니다.** (한국어 책을 **읽었어요./읽었습니다.**)
과거(완료) (Past tense: Perfect)	가: 휴가에 무엇을 **했어요?/했습니까?** 나: 제주도에 **갔었어요./갔었습니다.** (러시아에 **갔었어요./갔었습니다.**)
미래 (Future tense)	가: 주말에 무엇을 **할 거예요?/할 겁니까?** 나: 친구를 **만날 거예요./겁니다.** (한국어 책을 **읽을 거예요./읽을 겁니다.**)

2) 부정(Negative Expressions)

표현	대화쌍
아니다(be) Not	가: 러시아 **사람입니까?**(러시아 사람이에요?) 나: 아니요, 러시아 **사람이 아닙니다.** 　　(러시아 **사람이 아니에요.**)
없다(be) No, not have	가: 돈이 **있습니까?**(있어요?) 나: **없습니다.**(없어요.)
모르다 not know	가: 한국어를 **압니까?**(알아요?) 나: **모릅니다.**(몰라요.)
안 Verbs 안 Adjectives V stem 안 하다 안 A하다	가: 매일 한국 음식을 **먹어요?**(먹습니까?) 나: 매일 **안 먹어요.**(안 먹습니다.)
	가: 날씨가 **더워요?**(덥습니까?) 나: **안 더워요.**(안 덥습니다.)
	가: 매일 **공부해요?**(공부합니까?) 나: 매일 **공부 안 해요.**(공부 안 합니다.)
	가: 한국 음식을 **좋아해요?**(좋아합니까?) 나: **안 좋아해요.**(안 좋아합니다.)
V and A stems -지 않다	가: 왜 김치를 **안 먹어요?**(안 먹습니까?) 나: 맵습니다. 그래서 **먹지 않아요.**(먹지 않습니다.)
못 V V stem 지 못하다 못 V stem하다	가: 왜 밥을 **못 먹습니까?**(못 먹어요?) 나: 이가 아파요. 그래서 **못 먹어요.**(먹지 못합니다.)

3) 나열(List two or more actions, states, of facts)

표현	대화쌍
V/A고 (and)	가: 주말에 보통 무엇을 해요? 나: 친구를 **만나고** 책을 읽어요. (친구를 만나요. **그리고** 책을 읽어요.)
	가: 어제 뭐 했어요? 나: 한국어 **공부도 하고** 운동도 **했어요.**
	가: 내일 뭐 할 거예요? 나: 오전에는 이태원에 **가고** 오후에는 신촌에 갈 거예요.
	가: 한국 음식은 어때요? 나: **싸고** 맛있어요.
V거나 (or)	가: 주말에 보통 무엇을 해요? 나: 친구를 **만나거나** 책을 읽어요. (친구를 만나요. **아니면** 책을 읽어요.)
	가: 내일 뭐 할 거예요? 나: 장호원에 **가거나** 이천에 갈 거예요.
	가: 이 단어는 무슨 뜻이에요? 나: 선생님에게 **물어보거나** 사전을 찾으세요.
	가: 가족이 많이 보고 싶어요. 나: **힘들거나** 외로울 때는 전화를 하세요.
N(이)나 (or)	가: 무슨 술을 마실까요? 나: **소주나** 맥주를 마십시다.

4) 대조(Contrast)

표현	대화쌍
V/A지만 (but)	가: 한국어 공부는 어때요? 나: 좀 어려워요. **그렇지만** 재미있어요. 가: 한국 생활이 어때요? 나: 처음에는 **힘들었지만** 지금은 재미있어요. 가: 무슨 음식을 좋아합니까? 나: 김치를 아주 좋아합니다. 가: 맛이 어떻습니까? 나: **맵지만** 맛있어서 정말 좋아합니다. 가: 한국 날씨가 어때요? 나: 낮에는 **따뜻하지만** 아침과 저녁에는 추워요. 가: 따뜻한 옷을 입으세요. 나: 따뜻한 옷을 **입었지만** 춥네요. 가: 감기에 걸리지 않도록 조심하세요.
V는데 A(으)ㄴ데 N인데 (but, even though)	가: 한국어 공부는 어때요? 나: 좀 어려워요. **그런데** 재미있어요. 가: 한국 생활이 어때요? 나: 처음에는 **힘들었는데** 지금은 재미있어요. 가: 노래를 좋아해요? 나: 네, 노래를 **좋아해서** 노래방에 자주 가요. 가: 노래를 잘하세요? 나: 노래는 좀 **하는데** 춤은 못 춰요. 가: 이 선생님은 결혼하셨어요? 나: 결혼은 안 **했는데** 남자 친구는 있어요. 　　**회사원인데** 요리를 정말 잘해요. 가: 남자 친구가 요리를 잘해서 좋겠어요. 　　**그런데** 오래 사귀셨어요? 나: 오래 사귀었**는데** 아직 모르겠어요.

5) 비교(Expressions of Comparison)

표현	대화쌍
N 보다 더 (than)	가: 사과를 사려고 해요. 어디가 **더** 싸요? 나: 시장이 **백화점보다 더** 싸요.
	가: **누가** 축구를 **더** 잘해요? 나: 스티브가 **라지즈보다 더** 잘해요.
	가: 고향이 어디예요? 나: 방콕입니다. 가: 방콕은 **서울보다** 큽니까? 나: **서울보다** 작아요.
	가: 여자가수 아이유 알아요? 나: 네, 알아요. 그렇지만 저는 **아이유보다** 수지를 **더** 좋아해요. 가: 수지가 **아이유보다** 키가 **더** 크지만 아이유가 얼굴이 **더** 예뻐요. 나: 아니에요. 수지가 **더** 예뻐요. 가: 그럼, 이 선생님에게 **누가 더** 예쁜지 물어보죠.
N 중에서 제일 N에서 제일/가장 (among)	• 비빔밥, 삼계탕, 불고기 **중에서** 불고기가 **제일** 맛있어요.
	가: 5반 학생 **중에서** 누가 한국어를 **제일** 잘해요? 나: 세르게이가 **제일** 잘해요.
	가: 어디에서 한국어를 배웠어요? 나: 부모어학원에서 배웠어요. 가: 한국어를 잘 가르치는 곳인가요? 나: **한국에서** 한국어를 **제일** 잘 가르치는 곳이에요.

	가: 무슨 계절을 좋아해요?
	나: 겨울을 **가장** 좋아해요.
	가: 겨울은 춥지 않아요?
	나: 날씨는 춥지만 스키를 탈 수 있어서 좋아요.
N에 비해서 (by comparison with)	● 러시아의 겨울 날씨는 한국**에 비해서** 더 춥습니다.
	가: 요즘 한국어 공부가 어때요? 나: 한국어 1권**에 비해서** 한국어 2권이 더 재미있어요.
	가: 한국 물가는 어때요? 나: **태국에 비해서** 비싸요. 가: 그럼, 날씨는 어때요? 나: 추워요.
	가: **지난달에 비해서** 이번 달에 모임이 많아요. 나: 무슨 모임이 많아요. 가: **지난달에 비해서** 이번 달에는 승진축하모임, 생일파티 　　모임이 더 많아요. 나: 어, 이번 달에 제 생일이 있는데요.

6) 시간(Time Expressions)

표현	대화쌍
N 때 V/A(으)ㄹ 때 (the time when an action or state occurs or its duration)	• 대학생 **때** 아내를 처음 만났습니다. • 저는 책을 읽을 **때** 안경을 씁니다.
	가: 휴가 **때** 어디에 갔어요? 나: 제주도에 갔습니다.
	가: 오늘 저녁 **때** 시간 있어요? 나: 네, 무슨 일이 있어요? 가: 한국 영화를 보러 갈 거예요. 같이 갈까요? 나: 좋아요. 같이 가요.
	가: 시험 잘 봤어요? 나: 아니요, **시험 볼 때** 시간이 많이 부족했어요. 가: 열심히 공부했으니까 성적도 좋을 거예요. 나: **연습할 때는** 문제를 잘 풀었는데 **시험 볼 때는** 어려웠어요.
N 전에 V기 전에 (before, ago) N 후에 V(으)ㄴ 후에 (after, later) V고 나서 (do after, and then)	• 점심 **식사 전에** 한국어를 공부해요. • 점심 **식사 후에** 축구를 해요. • 점심을 **먹기 전에** 한국어를 공부해요. • 점심을 **먹은 후에** 축구를 해요. • 점심을 **먹고 나서** 축구를 해요.
	가: 한국어 수업이 **끝난 후에** 무엇을 할 거예요? 나: 친구와 같이 운동을 할 거예요.
	가: 이를 **닦고 나서** 식사를 해요? 아니면 **식사 후에** 이를 닦아요? 나: 보통 **식사하기 전에** 이를 닦아요.

	가: 저는 보통 **식사 후에** 이를 닦아요.
	가: 한국어과정이 **끝난 후에** 뭐 할 거예요? 나: 고향에 갈 거예요. 가: 고향에 **가기 전에** 방을 정리해야 돼요. 나: 알고 있어요. 방도 정리하고 교실도 깨끗하게 청소할 　　거예요.
N 중 V는 중 (in the process)	● 지금은 **회의 중입니다.** ● 지금은 **회의하는 중입니다.**
	가: 이 선생님 계십니까? 나: 지금 **외출 중이십니다.**
	가: 회식은 언제 하기로 했습니까? 나: 이번주 토요일에 하기로 했습니다. 가: 회식 장소는 결정했습니까? 나: 지금 **찾는 중입니다.**
	가: 왜 이렇게 길이 막혀요? 나: 지금 **공사 중이어서** 막혀요. 가: 그럼, 지하철을 탈까요? 나: 그게 좋을 것 같아요.
N 동안 V는 동안 (during, while)	● 피곤해서 10시간 **동안** 잤어요. ● 내가 **자는 동안** 아내는 요리를 했어요.
	가: **휴가 동안** 뭐 할 거예요? 나: 친구를 만나러 부산에 갈 거예요.
	가: 얼마 **동안** 한국에서 생활했어요? 나: 10개월 **동안** 생활했어요. 가: 한국에서 **생활하는 동안** 힘들지 않았어요?

	나: 친구들이 도와줘서 괜찮았어요.
	가: 버스를 **기다리는 동안** 무엇을 할까요?
	나: 커피를 마실까요?
	가: 글쎄요, 커피를 **마시는 동안** 버스가 오면 어떻게 해요?
	나: 걱정하지 마세요. 버스 탈 시간은 충분해요.
V자마자 (as soon as, right after)	• 수업이 **끝나자마자** 집에 갔어요.
	가: 아침에 **일어나자마자** 뭘 해요? 나: **일어나자마자** 아내에게 전화해요.
	가: 어제는 기분이 안 좋았어요. 나: 무슨 일이 있었어요? 가: 새 지갑을 **사자마자** 잃어버렸어요.
	가: 한국에 도착해서 무엇을 먼저 했어요? 나: 한국에 **도착하자마자** 부모님께 전화했어요. 가: 그리고 뭘 했어요? 나: 배가 아파서 바로 화장실에 갔어요.
V다가 (while, on one's way)	• 축구를 **하다가** 다리를 다쳤어요.
	가: 이 선생님 봤어요? 나: 교실에 **가다가** 봤어요.
	가: 그 영화 어땠어요? 나: 모르겠어요. 영화를 **보다가** 재미없어서 잤어요.
	가: 어제 점심시간에 죽을 뻔했어요. 나: 무슨 일이 있었어요? 가: 밥을 **먹다가** 생선 가시가 목에 걸렸어요. 나: 빨리 식사를 해서 그래요. 다음부터는 천천히 드세요.

V(으)면서 (while)	● 음악을 **들으면서** 운동을 합니다.
	가: 욕실에서 무슨 소리가 들리죠? 나: 아, 친구가 **샤워하면서** 노래를 하는 것 같아요.
	가: 앞을 잘 보고 운전하세요. 나: 걱정하지 마세요. 가: 그래도 **운전하면서** 전화하면 위험해요. 나: 알겠어요.
	가: 동시에 두 가지 일을 할 수 있어요? 나: 물론이죠. 책을 **읽으면서** 커피를 마시거나 노래를 **하면서** 춤을 출 수 있죠. 가: 그러면 동시에 두 가지 일을 할 수 없을 때는요? 나: 여자 친구를 **만나면서** 다른 여자 친구를 생각하면 안 되죠.
V(으)ㄴ 지 N이/가 되었다 (since)	● 저는 한국에서 **생활한 지 3개월이 되었어요.**
	가: 한국어를 배운 지 얼마나 되었어요? 나: **3개월이 되었어요.**
	가: 담배를 끊었어요? 나: 네, 올해부터 끊기로 했어요. 가: **끊은 지 얼마나 됐어요?** 나: **벌써 2개월이 됐어요.**
	가: 한국어를 잘 하시네요. 나: **배운 지 6개월이나 되었는데** 아직 잘 못해요. 가: 네! 6개월 밖에 안 되었어요? 나: 다른 친구들은 저보다 더 잘해요.

7) 능력(Ability)

표현	대화쌍
V(으)ㄹ 수 있다/없다 (the possibility/ impossibility of an action or a state)	• 저는 한국어를 **할 수 있습니다.**
	A: 무슨 운동을 **할 수 있어요?** B: 축구를 **할 수 있어요.**
	가: 한국에서 운전을 **할 수 있어요?** 나: 네, 국제운전면허증이 있어서 **할 수 있어요.** 가: 오토바이도 **운전할 수 있어요?** 나: 오토바이면허증이 없어서 **할 수 없어요.**
	가: 오늘 저녁에 **만날 수 있어요?** 나: 네, 약속이 없으니까 **만날 수 있어요.** 가: 강변역에서 만날까요? 나: 아직 길을 잘 몰라요. 그러면 이태원역은 어때요? 가: 좋아요, 이태원역에서 만나요.

8) 가능(Possibility)

표현	대화쌍
V(으)ㄹ 줄 알다/모르다 (the ability/inability to do something, "how to")	● 저는 한국어를 **할 줄 압니다.**
	가: 무슨 운동을 **할 줄 알아요?** 나: 축구를 **할 줄 알아요.**
	가: 한국에서 운전을 할 수 있어요? 나: 국제운전면허증이 없어서 할 수 없어요. 가: 그럼, 운전을 **할 줄 알아요?** 나: 네, 운전하는 방법은 알아요.
	가: 김치를 담가 봤어요? 나: 아니요, 가르쳐 주세요. 가: 제가 **담글 줄** 아니까 가르쳐 드릴게요. 나: 고마워요.

9) 의무(Obligation)

표현	대화쌍
A/V아/어/해야 되다/하다 (should something)	● 내일까지 보고서를 **제출해야 됩니다.**
	가: 어디에 가세요? 나: 아내 생일이라서 선물을 **사야 돼요.**
	가: 오늘 수업에 왜 결석했어요? 나: 교수님을 **만나야 돼서** 연구실에 갔다 왔어요.
	가: 오늘 저녁에 시간 있어요? 나: 내일 시험이 있어서 **공부해야 돼요.** 가: 그럼, 시험 후에 같이 식사할까요? 나: 미안해요. 어머니 생신이라서 시험이 끝나자마자 고향에 **가야 해요.**

10) 허락(Permission)

표현	대화쌍
V지 않아도 되다 안 V아/어/해도 되다/좋다/괜찮다 (a particular state of behavior is not necessary)	● 내일은 학교에 **오지 않아도 됩니다**.
	가: 오늘 모임에 꼭 **참석해야 돼요?** 나: 일이 있으면 **참석하지 않아도 돼요.**
	가: 내일 행사에 꼭 오십시오. 나: 정장을 **입어야 됩니까?** 가: 내일 행사에는 정장을 **입지 않아도 됩니다.**
	가: 내일 이 선생님 결혼식에 가야 하는데 정장을 **입어야 합니까?** 나: 정장을 **입지 않아도 됩니다**. 편한 옷을 **입어도 괜찮 습니다.** 가: 우리나라에서는 보통 정장을 입고 결혼식에 갑니다. 나: 전통복을 **입어도 좋을 것 같습니다.** 가: 아! 좋은 생각이군요.
V아/어/해도 되다/좋다/괜찮다 (permission or approval)	● 점심시간 후에는 전화를 **해도 괜찮습니다.**
	가: 내일 축구 경기에 누가 나가고 싶어요? 나: 제가 **나가도 될까요?**
	가: 내일 30분 정도 늦게 **와도 괜찮을까요?** 나: 무슨 일 있어요? 가: 병원에 잠깐 **가야 해요.** 나: 걱정하지 말고 천천히 오세요.
	가: 너무 더워요. 창문을 **열어도 돼요?** 나: 나는 약간 **추운데……** 가: 그러면, 내가 창가 쪽으로 **앉아도 돼요?** 나: 그렇게 하세요.

11) 요청, 요구, 명령(Making request, require, and suggest)

표현	대화쌍
V(으)세요/ (으)십시오 (a request to someone to perform and action)	• 잘 **들으세요.(들으십시오)**
	가: 몇 시까지 교실에 와야 해요? 나: 7시 50분까지 **오세요.**
	가: 내일 모임에 꼭 **오십시오.** 나: 네, 알겠습니다. 그런데 무슨 옷을 입어야 됩니까? 가: 정장을 **입으십시오.**
	가: 좀 조용히 **해 주세요.** 집중을 할 수 없어요. 나: 미안해요. 밖에서 이야기할게요.
V아/어/해 주세요(드리세요) V아/어/해 주시겠어요? (Please assists someone to do something)	• 사진 좀 찍어 **주시겠어요?**
	가: 저 좀 **도와주시겠어요?** 나: 네
	가: 이 선생님 계십니까? 나: 지금 안 계십니다. 가: 언제쯤 통화할 수 있을까요? 나: 30분쯤 후에 다시 **전화해 주세요.**
	가: 제가 뭘 **도와 드릴까요?** 나: 칠판을 지우고 쓰레기를 좀 **버려 주세요.** 가: 다른 일은 없어요? 나: 그 일이 끝나면 책상을 좀 **정리해 주세요.**

12) 금지(The prohibition or limitation of a particular action)

표현	대화쌍
V지 마세요/ 마십시오 (Do not something to do)	● 여기에서는 담배를 **피우지 마세요(마십시오)**.
	가: 러시아어로 말해도 괜찮아요? 나: 교실에서는 러시아어를 **사용하지 마세요**.
	가: 가게 앞이니까 **주차하지 마세요**. 나: 그럼, 어디에 주차해야 돼요? 가: 저쪽에 주차창이 있으니까 그쪽에 하세요.
V(으)면 안 되다 (It won't do to do)	● 운전 중에 전화를 **하면 안 됩니다**.
	가: 러시아어로 말해도 괜찮아요? 나: 교실에서는 러시아어를 **사용하면 안 돼요**.
	가: 가게 앞이니까 **주차하면 안 돼요**. 나: 그럼, 어디에 주차해야 돼요? 가: 저쪽에 주차창이 있으니까 그쪽에 하세요.
	가: 윗사람에게 술을 따를 때는 한손으로 **따르면 안 돼요**. 나: 그럼, 어떻게 따라야 하죠? 가: 두 손으로 따라야 해요. 나: 술을 마실 때는 그냥 마셔도 괜찮죠? 가: 아니요, 그냥 **마시면 안 돼요**. 고개를 돌리고 마셔야 돼요.

13) 소망(Expressions of Hope)

표현	대화쌍
V고 싶다 (Want to)	● 가족을 **만나고 싶습니다**.
	가: 뭘 **드시고 싶어요**? 나: 불고기를 **먹고 싶어요**.
	가: 이번 휴가에는 어디에 갈 거예요. 나: 가족과 같이 따뜻한 곳에 **가고 싶어요**. 　　어디가 좋을까요? 가: 제주도에 한 번 **가 보세요**.
AV았/었/했으면 좋겠다 (hope of want: a desire for situation, which is in contrast to one's current situation)	● 돈이 **많았으면 좋겠습니다**.
	가: 언제 고향에 가고 싶어요? 나: 12월에 **갔으면 좋겠어요**.
	가: 복권에 당첨이 **됐으면 좋겠어요**. 나: 당첨이 되면 뭘 하고 싶어요? 가: 집도 사고 싶고 여행도 하고 싶어요.
	가: 그 사람이 저에게 조금 더 친절**했으면 좋겠어요**. 나: 무슨 일이 있어요? 가: 저는 외국 사람이라서 한국어를 잘 못하잖아요. 　　그런데 말을 빨리 해서 무슨 말인지 모르겠어요. 나: "천천히 말해 주세요."라고 부탁해 보세요.

14) 이유, 원인(Expressions of Reason and Cause)

표현	대화쌍
V/A(으)니까 (so of because) (1. It can be used with tense markers -았/었-, and -겠- 2. It can be used in imperative or proposal sentences 3. It cannot be used with common words of greeting)	● **추우니까** 창문을 닫아 주세요.
	가: 저녁에 한국 영화 같이 볼까요? 나: 내일 시험이 **있으니까** 다음에 봅시다.
	가: 어디가 아파요? 나: 감기에 걸린 것 같아요. 가: 정말 열이 높네요. 열이 많이 **나니까** 병원에 가세요. 나: 수업 후에 가야겠어요.
V/A아/어/해서 (because of, on account of, and so ~ that) (1. It cannot be used with tense markers -았/었-, and -겠- 2. It cannot be used in imperative or proposal sentences)	● **만나서** 반가워요.
	가: 쉬는 시간에 어디에 갔어요? 나: 배가 **아파서** 화장실에 갔어요.
	가: 이 식당에는 사람이 많군요. 나: 음식이 **맛있어서** 그래요. 가: 친구들에게도 얘기해야겠어요.
	가: 피곤해 보여요. 어제 뭘 했어요? 나: 모임이 **있어서** 늦게까지 술을 마셨어요. 가: 술을 좋아하시는군요. 나: 사람들과 같이 이야기하는 것을 **좋아해서** 모임이 많아요.

V/A거든요 (the listener has no information of the reason or facts, It can be used only in conversation)	• 한국어가 **재미있거든요.**(재미있잖아요.)
	가: 정말 열심히 공부하시네요.
	나: 다음 주에 시험이 **있거든요.**(있잖아요.)
	가: 어제는 왜 결석했어요?
	나: 친구들과 모임이 **있었거든요.**
	가: 무슨 특별한 날이었어요?
	나: 친한 친구의 **생일이었거든요.**
*V/A잖아요 (the speaker wants to remind the listener of a reason)	가: 어제는 왜 결석했어요?
	나: 대사관에서 모임이 **있었잖아요.**
	가: 무슨 특별한 날이었어요?
	나: **독립기념일이었잖아요.**
	가: 아, 맞아요. 어제가 투르크메니스탄 독립기념일이었죠.
V느라고 (because: the following clause is negative or undesirable in nature) (1. It can be used only verbs that require the will of the subject 2. The subject must be the same 3. It cannot be used in imperative or proposal sentences and with past markers -았/었-)	• 대사관에 **가느라고** 학교에 못 왔어요.
	• 시험을 **보느라고** 수고하셨어요.(고생했어요.)
	• 아이들을 **보느라고** 바빠요(정신이 없어요, 시간이 없어요.).
	가: 왜 숙제를 안 했어요?
	나: 어제 올림픽 축구 경기를 **보느라고** 못했어요.
	가: 왜 주말에 기숙사에만 있었어요?
	나: 한국어능력시험 준비를 **하느라고** 밖에 못 나갔어요.
	가: 시험이 언제죠?
	나: 다음 주 일요일이잖아요.
	가: 지난주에 월급을 탔는데 벌써 돈이 없어요?
	나: 쇼핑을 **하느라고** 돈을 다 썼어요.
	가: 쇼핑을 좋아하나 봐요.
	나: 제가 아니라 아내가요.

V는 바람에 (the cause or reason) (1. The following clause must be in the past tense 2. The result was unintended 3. It cannot be used in imperative or proposal sentences)	● 길이 **막히는 바람에** 지각했어요.
	가: 말하기 시험 잘 봤어요? 나: **긴장하는 바람에** 못 봤어요.
	가: 아니, 왜 고향에 못 갔어요. 나: 공항에서 여권을 **잃어버리는 바람에** 비행기를 못 탔어요. 가: 여권은 찾았어요? 나: 네, 다행히 어제 찾았어요.
	가: 어제 동계올림픽 숏트랙 경기 봤어요? 나: 못 봤어요. 김다운 선수가 금메달을 땄죠? 가: 아니요, **넘어지는 바람에** 금메달을 못 땄어요.
N 때문에 A/V기 때문에 (It is a clear reason more than -아/어/해서, -(으)니까)	● 외국 **사람이기 때문에** 한국어가 어려워요.
	가: 오늘 모임에 가실 거죠? 나: 저는 **약속 때문에** 갈 수 없어요.
	가: 기분이 좋아 보여요. 나: 어제 시험을 받는데 성적을 잘 받았거든요. 가: 아, 시험을 잘 **봤기 때문에** 그렇군요.
	가: 오늘 같이 운동할까요? 나: 저는 날씨가 **춥기 때문에** 기숙사에 있을 거예요. 가: 추울 때도 운동을 해야 감기에 걸리지 않아요. 나: 알겠어요. 그럼 10분 후에 기숙사 앞에서 만납시다.

15) 시도(Trying an action)

표현	대화쌍
V아/어/해 보다 (attempt to do)	● 이 신발을 한번 **신어 보세요.**
	가: 김치를 **먹어 봤어요?** 나: 아니요, 한번 **먹어 보고** 싶어요.
	가: 한국어가 그렇게 재미있어요? 나: 그럼요, 한번 **배워 보세요.**
	가: 주말에 어디에 갈 거예요? 나: 제주도에 갈 거예요. 가: 제주도에서 뭘 하고 싶어요? 나: 제주도 음식도 **먹어 보고** 싶고 말도 **타 보고** 싶어요.

16) 경험(Had an experience in the past or not had an experience)

표현	대화쌍
V아/어/해 봤다 (tried doing something)	● 한국에서 소주를 **마셔 봤어요.**
	가: 한복을 **입어 봤어요?** 나: 아니요, 꼭 **입어 보고** 싶어요.
	가: 한국 친구를 **사귀어 봤어요?** 나: 아니요, **사귀어 보지** 못했어요. 가: 그럼, 한국에 있는 동안 한번 **사귀어 보세요.**
	가: 러시아에 **가 봤어요?** 나: 슬로베니아에는 **가 봤는데** 아직 러시아는 **못 가 봤어요.** 가: 러시아에 꼭 **가 보세요.** 정말 아름다운 나라에요. 나: 언제 가면 좋아요? 가: 여름에 가면 덥지 않고 한국의 가을 날씨 같아서 좋아요.
V(으)ㄴ 적이 있다/없다 (time experienced in the past)	● 한국에서 소주를 **마신 적이 있어요.**
	가: 한복을 입어 **본 적이 있어요?** 나: 아니요, 꼭 입어 보고 싶어요.
	가: 한국 친구를 **사귀어 본 적이 있어요?** 나: 아니요, **사귀어 본 적이 없어요.** 가: 그럼, 한국에 있는 동안 한번 **사귀어 보세요.**
	가: 한국어 수업 시간에 **지각한 적이 있어요?** 나: 아니요, 한 번도 없어요. 가: 정말 열심히 공부하셨군요. 나: 그런데, **결석한 적은 많아요.** 하! 하! 하!

17) 의견 묻기, 제안(Asking opinions and making suggestions)

표현	대화쌍
V(으)ㄹ까요? → V(으)ㅂ시다 (Shall we~?, Why don't we~)	● 오늘 저녁에 술 한 잔 **합시다**.
	가: 오늘 저녁에 술 한 잔 **할까요**? 나: 시험도 끝났으니까 한 잔 **합시다**.
	가: 무슨 영화를 **볼까요**? 나: 한국 영화를 **볼까요**? 가: 좋아요, 한국 영화를 **봅시다**.
	가: 고향에 가기 전에 한국 여행을 **할까요**? 나: 좋은 생각이에요. 어디에 **갈까요**? 가: 부산에 한 번 **갑시다**. 나: 그래요. 그럼, 부산에 가서 회도 먹고 바다도 **봅시다**.
V(으)ㄹ래요? → V아/어/해요 (It can be used often in spoken language)	● 오늘 저녁에 술 한 잔 **해요**.
	가: 오늘 저녁에 술 한 잔 **할래요**? 나: 시험도 끝났으니까 한 잔 **해요**.
	가: 머리가 너무 아파요. 나: 그럼, 같이 밖에 **나갈래요**? 가: 그래요. 밖에 나가서 시원한 공기를 마셔야겠어요.
	가: 한국어 과정이 끝난 후에 뭘 할까요? 나: 같이 여행을 **갈래요**? 가: 어디가 좋을까요? 나: 제주도에 **갈래요**?

18) 의지(Intention)

표현	대화쌍
V겠습니다 (-겠어요) (I will/am going to/I plan to)	● 다시는 지각하지 **않겠습니다(않겠어요)**.
	가: 축구 경기에 누가 나갈 겁니까? 나: 제가 **나가겠습니다**.
	가: 내일 생일 파티는 누가 준비하기로 했어요? 나: 아직 결정을 하지 못했습니다. 가: 그럼, 스티브가 **준비하겠어요**?
	가: 여러분, 모두 **알겠습니까**? 나: 아니요, 아직 잘 **모르겠습니다**. 가: 그러면, 여기까지 다시 한번 읽어 보세요. 나: 네, **알겠습니다**. 다시 꼭 **보겠습니다**.
V(으)ㄹ래요 (It can be used only subject in the first person)	● 저는 비빔밥을 **먹을래요**.
	가: 뭐 **드실래요**? 나: 커피를 **마실래요**.
	가: 공포 영화를 **볼래요**? 나: 싫어요. 무섭잖아요. 가: 그럼, 액션 영화를 봅시다. 나: 아니요, 저는 멜로 영화를 **볼래요**.
	가: 날씨가 추우니까 그만 **들어갈래요**? 나: 글쎄요. 저는 조금 더 걷고 싶은데...... 가: 그럼, 30분만 더 산책할까요? 나: 좋아요.

19) 추측(Expressions of conjecture and supposition)

표현	대화쌍
A/V(으)ㄹ 것 같다 (future tense) A/V(으)ㄴ 것 같다 (present tense adjectives and past tense verbs) V는 것 같다 (present tense verbs)	● 밤에 눈이 **온 것 같아요**. ● 지금 밖에 눈이 **오는 것 같아요**. ● 오후에 눈이 **올 것 같아요**.
	가: 시간이 빨리 **가는 것 같아요**. 나: 맞아요, 벌써 9월이에요.
	가: 다음주 제 생일 파티에 올 수 있어요? 나: 글쎄요, 약속이 있어서 **못 갈 것 같아요**. 가: 올 수 있으면 좋겠어요.
	가: 내일 축구 시합에서 몇 반이 이길까요? 나: 1반이 **이길 것 같아요**. 가: 2반도 축구를 잘하잖아요. 나: 그래도 1반 학생들은 모두 나이가 어리잖아요.
A아/어/해 보이다 (It can be used to indicate one's conjecture based on the appearance of a person, thing, or event)	● 옷이 정말 **작아 보이는군요**.
	가: **피곤해 보여요**. 어제 뭘 했어요? 나: 축구 경기를 보느라고 잠을 못 잤어요.
	가: 오늘 무슨 일 있어요? 기분이 **좋아 보여요**. 나: 처음으로 한국 친구를 사귀었거든요. 가: 축하해요.
	가: 괜찮아요? **아파 보여요**. 나: 어제 잠을 못 자서 그래요. 가: 무슨 일이 있어요? 나: 할머니께서 돌아가셔서 기분이 우울해요.

20) 예측(Expressions of supposition)

표현	대화쌍
A/V(으)ㄹ지도 모르다 (the speaker's view that something might happen)	• 갑자기 비가 **올 지도 모르니까** 우산을 준비하세요.
	가: 스티브는 지금 어디에 있을까요? 나: 내일 시험이 있으니까 도서관에 **있을지(도) 몰라요.**
	가: 늦었지만 지금 전화해 볼까요? 나: 아마 **잘지도 몰라요.** 가: 그래도 중요한 일이니까 한번 해 봅시다.
	가: 내일 사무실에 가면 이 선생님을 만날 수 있겠죠? 나: 휴가라서 **안 계실지도 몰라요.** 가: 그럼, 전화를 드리고 가야겠군요.

21) 추천, 조언(Giving Recommendations and Advice)

표현	대화쌍
V도록 하다 (It can be used to suggest a course of action to someone) (※ It cannot be used with -아/어/해서)	● 시험이 끝났으니까 오늘은 **쉬도록 하세요.**
	가: 몸이 많이 가려워요. 나: 이 연고를 **바르도록 하세요.**
	가: 이 선생님, 늦어서 미안합니다. 나: 어제도 지각했잖아요. 가: 앞으로는 늦지 **않도록 하겠습니다.** 나: 다시는 지각하지 **않도록 하세요.**
	가: 내일 7시 약속 잊지 않았죠? 나: 그럼요. 걱정하지 마세요. 가: 중요한 약속이니까 **잊지 말도록 하세요.** 나: 네, 메모하겠습니다.
V(으)ㄹ 만하다 (It can be used to indicate that something is worth doing) (※The speaker is not completely satisfied with something)	● 한국어는 **배울 만합니다.**
	가: 그 영화 어때요? 나: 재미있어요. **볼 만해요.**
	가: 한국에서 가 **볼 만한** 곳을 추천해 주세요. 나: 제주도에 한번 가 보세요. 가: 제주도는 작년에 가 봤어요. 나: 그럼, 경주에 가 보세요.

	가: 이 일은 누가 하면 좋을까요? 나: 스티브가 잘 할 거예요. 스티브는 **믿을 만합니다.** 가: 그러면, 한번 맡겨 보죠.
V는 게 어때요? (How about doing something) V는 게 좋겠어요. (It might be good to do something)	● 날씨가 좋으니까 **산책하는 게 어때요?**
	가: 무슨 선물이 좋을까요? 나: 시계를 **사는 게 어때요?**
	가: 길이 많이 막히는군요. 나: 아무래도 늦을 것 같아요. 가: 그럼, 지하철을 **타는 게 좋겠어요.**
	가: 어제 늦게까지 일을 해서 정말 피곤하군요. 나: 잠깐 **쉬는 게 어때요?** 가: 오늘까지 이 일을 끝내야 하는데...... 나: 제가 도와드릴게요. 조금 **쉬는 게 좋겠어요.**

22) 의도, 목적(Purpose and Intention)

표현	대화쌍
V기로 했다 (a promise with oneself and another person)	● 내일부터 담배를 **끊기로 했습니다.**
	가: 올해 계획은 뭐예요? 나: 한국어를 열심히 **공부하기로 했습니다.**
	가: 오늘 무슨 일 있어요? 나: 저녁에 여자 친구를 **만나기로 했어요.** 가: 뭐 할 거예요? 나: 영화를 **보기로 했어요.**
V(으)ㄹ까 하다 (the speaker's vague intention or rough plan that has yet to be finalized and could therefore still be changed)	● 내일부터 담배를 **끊을까 합니다.**
	가: 점심 때 뭘 먹을 거예요? 나: 불고기를 **먹을까 해요.**
	가: 시험이 끝나면 뭘 할 거예요? 나: 여행을 **갈까 해요.** 가: 어디에 갈 거예요? 나: 제주도에 **갈까 해요.**
	가: 설날에 부모님 선물로 뭘 살 거예요? 나: 갈비 세트를 **살까 해요.** 가: 부모님이 고기를 좋아하세요? 나: 명절에 보통 갈비 세트를 선물했어요.

V기 위해서 N을/를 위해서 (for the sake of, in order to)	● **가족을 위해서** 열심히 일할 겁니다.
	가: **건강을 위해서** 뭘 해요? 나: 매일 아침 달리기를 해요.
	가: 왜 한국에 오셨어요? 나: 한국 회사에 **취직하기 위해서** 왔어요. 가: 한국어를 잘 하시네요. 나: 취직하기 **위해서** 열심히 공부했어요.
V(으)려고 하다 (plan to, intend to)	● 한국에 가면 한국어를 **공부하려고 합니다.**
	가: 시험이 끝나면 뭘 할 거예요? 나: 친구와 같이 술 한 잔 **하려고 해요.**
	가: 내일 한국어 과정이 끝나면 바로 고향에 가세요? 나: 아니요, 다음 주 토요일에 갈 거예요. 가: 고향에 가면 뭘 할 거예요? 나: 친구들을 만나서 여행을 **하려고 해요.**

23) 조건, 가정(Conditions and Suppositions)

표현	대화쌍
A/V(으)면 (if, when, or once/ It can be used with adverbs 혹시, 만일) (※ When the subjects of the first and second clauses are different, the subject of the first clause is -이/가 not -은/는)	● 저는 **결혼하면** 부모님과 같이 살 겁니다.
	가: 돈이 많이 **있으면** 뭘 할 거예요? 나: 제 이름으로 도서관을 만들고 싶어요.
	가: 보통 시간이 **있으면** 뭘 해요? 나: 영화를 보거나 한국어를 공부해요. 가: 저는 소파에 앉아서 책을 읽거나 쉬어요.
	가: 약속 시간에 늦을 것 같아요. 나: 걱정 말아요. 지금 **뛰어가면** 약속 시간까지 갈 　　수 있어요. 가: 그냥 택시를 탈까요? 나: 길이 막히니까 뛰어가는 게 좋겠어요.
A/V(으)려면 (if you want to ~ -아/ 어/해야 해요/돼요, -(으) 세요, and -(으)면 돼요)	● 한국어를 **잘하려면** 한국 친구를 사귀어야 됩니다.
	가: 살을 빼고 싶은데 좋은 방법 있어요? 나: 살을 **빼려면** 운동을 하세요.
	가: 강변역에 가려고 합니다. 지하철 몇 호선을 타야 　　합니까? 나: 강변역에 **가려면** 지하철 2호선을 타세요. 가: 감사합니다.
	가: 세계에서 가장 깊은 바이칼 호수를 보고 싶어요. 나: 바이칼 호수를 **보려면** 러시아에 있는 　　이르쿠츠크로 가야 해요. 가: 제가 러시아어를 잘 모르는데 어떻게 하죠? 나: 걱정하지 마세요. 이르쿠츠크를 안내하는 한국 여행 　　사가 많이 있어요.

24) 상황(Expression of situation)

표현	대화쌍
V(으)ㄹ 뻔했다 (Some event or action almost happened but did not)	● 길이 미끄러워서 **넘어질 뻔했습니다.**
	가: 무슨 일 있었어요? 나: 교통사고가 **날 뻔했어요.**
	가: 이번 정류장에서 내려야죠? 나: 얘기하다가 내려야 할 정류장을 **지나칠 뻔했어요.** 가: 휴대전화만 보고 있으니까 그렇죠.
	가: 고향에는 잘 다녀오셨어요? 나: 버스표를 미리 사지 않았으면 고향에 못 **갈 뻔했어요.** 가: 그래서 한국 사람들은 몇 달 전에 표를 예매하잖아요. 나: 저도 이번에 처음으로 알게 되었어요.
V는데 A(으)ㄴ데 (so/therefore: background information and explanation)	● 여름에 한국에 **왔는데** 날씨가 정말 더웠어요.
	가: 쇼핑은 잘 했어요? 나: 옷을 **샀는데** 별로 마음에 들지 않아요.
	가: 뭘 먹을래요? 나: 이 집은 불고기가 **맛있는데** 불고기를 먹을까요? 가: 그래요. 저도 불고기를 먹을래요.
	가: 처음같이 소주로 주세요. 나: 처음같이 소주는 지금 **없는데** 다른 소주를 드려도 될까요? 가: 네, 다른 소주로 주세요. 나: 알겠습니다.

25) 사실 확인(Confirming information)

표현	대화쌍
A/V지요? N(이)지요? (~죠?) (The speaker wants to confirm with the listener)	● 한국 사람이지요?(이죠?)
	가: 한국 김치가 **맛있죠?** 나: 글쎄요, 저는 너무 매운 것 같아요.
	가: 어제 수미씨 생일 파티를 **했죠?** 나: 어떻게 알았어요? 가: 친구에게 들었어요.
	가: 어제 백화점에서 향수를 **샀죠?** 　　향기가 좋은데요. 나: 선물로 주려고 샀어요. 가: 여자 친구에게 줄 **거죠?** 나: 아니요, 어머니께 드릴 거예요.
V(으)ㄴ/는지 알다/모르다 (connecting a clause requiring additional information/ who, what, where, when, how, whether + clause)	● 이태원에 어떻게 **가는지 모르겠습니다.**
	가: 어디가 아파요? 나: 저도 어디가 **아픈지 모르겠어요.**
	가: 김치를 어떻게 **담그는지 알아요?** 나: 저는 어떻게 **담그는지 몰라요.** 가: 그럼, 이 선생님에게 물어 볼까요?
	가: 어제 정말 술을 많이 마셨어요. 나: 술을 마신 후에 무엇을 **했는지 알아요?** 가: 무엇을 **했는지 모르겠어요.** 　　생각이 전혀 안 나요. 나: 그래서 술을 조금만 마시라고 했잖아요.

26) 성질, 속성(Attributes and characteristics)

표현	대화쌍
A(으)ㄴ/는 편이다 (something is more a certain way than another or is closer to one characteristic than another)	• 나는 밥을 많이 **먹는 편입니다.** • 어제보다 오늘이 손님이 **많은 편입니다.** (a specific time)
	가: 형은 체격이 어때요? 나: 키가 **큰 편입니다.**
	가: 한국어 공부가 어렵죠? 나: 중국어보다 어렵지 **않은 편이에요.** 가: 저에게는 중국어보다 **어려운 편이에요.**
	가: 공포 영화를 좋아하세요? 나: 저는 겁이 **많은 편이라서** 공포 영화는 보지 않아요. 가: 그럼, 지금까지 한 번도 **본 적이 없어요?** 나: 남자 친구가 좋아해서 같이 **본 적이** 몇 번 **있어요.**

제 4 부

질문과 대답 실제

언어권별 질문과 대답 전사 자료

질문과 대답을 평가함에 있어서 평가자는 한 명이 아니라 최소 2인 이상이 평가해야 할 것이다. 또한 평가자 간에 신뢰도 및 채점 척도 적용의 일관성을 확보하기 위해서 질문과 대답 평가는 녹음되거나 전사하여 기록하여야 한다. 필자는 학생들의 질문과 대답 평가를 녹음 후에 전사하였다.9) 전사 자료는 학생들의 발화 특성을 분석하기 위해서이며 전사 자료를 통하여 학생들이 질문과 대답에 임할 때 발생하는 특징들을 알 수 있기 때문이다.

이를 통해 평가를 하는 교사의 입장에서는 질문 유도 기술을 향상시켜야 할 필요성을 느낄 수 있으며, 학생이 실력을 제대로 발휘할 수 있도록 정의적인 측면도 고려해야 한다는 것을 알게 되었다. 또한 학생의 입장에서는 대화를 하는 주제나 형식이 일방적으로 주어지기 때문에 준비할 수 있는 시간이 필요하다는 것도 알 수 있었다.

---

9) 녹음한 전사 자료는 간략전사(broad transcription)로 하였다.

질문과 대답에서 나타난 초급 수준의 학생들의 말하기 능력 특징은 다음과 같다.

▶ 문법의 정확성을 지나치게 의식하여 발화량이 감소한다.

▶ 발화의 속도가 느리며 완전한 문장을 생산하지 못하고 조사를 자주 생략한다.

▶ 의미를 강조하기 위하여 어휘를 자주 반복한다.

▶ 말하기의 한계를 느낄 경우 대답에서 메시지를 포기하거나 단순화 등으로 해결하려고 한다.

▶ 어휘 능력의 부족을 보완하기 위하여 감탄사를 자주 사용한다.

▶ 질문을 이해하지 못할 경우 아는 어휘를 사용하여 바꾸어 말하거나 내용 전달을 포기한다.

▶ 일상생활에 대한 주제와 관련된 의사소통 능력이 원활하지 못하다.

위와 같은 학생들의 말하기 양상은 초급의 경우 대부분의 언어권에서 나타나는 특징이었다. 이러한 특징을 보완하기 위하여 30개의 주제 중에서 초급 상에 해당하는 '한국에서의 생활 경험' 주제를 선정하여 질문과 대답을 실제로 평가하였고 20개국의 학생들의 대답을 다음과 같이 정리하여 제시하였다. 학생들의 대답은 말하기 능력에 따라 달라질 수 있을 것이다. 하지만 다양한 언어권의 학생들의 대답을 제시한 것은 여러 유형의 학습자들의 대답을 접해 보는 것도 경험이 적은 교사나 해외에서 한국어를 가르치는 교사들에게는 또 다른 경험이 될 것이라고 생각했기 때문이다.

한 가지 더 당부하고 싶은 것은 아래에 제시된 평가표는 질문과 대답을 평가하기 위한 평가지[10](15점 만점)이다. 이를 활용하여 교사가 전사 자료를 보고 직접 평가를 해 보기를 바란다. 물론 발음이나 머뭇거림 등은 전사 자료를 통하여 정확하게 나타낼 수는 없지만 교사에게는 재미있는 경험이 될 것이라고 생각한다.

초급에서는 '질문과 대답' 말하기를 평가할 때는 정확성과 유창성을 주로 평가한다. 앞에서도 언급하였듯이 초급에서 평가의 기준을 설정할 때 담화적 능력이나 사회문화적 능력보다는 언어적인 면(발음, 문법, 어휘 등)에 더 큰 비중이 주어지기 때문이다. 이러한 언어적인 면을 평가할 수 있는 것이 정확성이므로 정확성에 조금 더 큰 비중을 두어 평가표를 구성하였다. 평가 배점은 평가자에 따라 만점 기준을 설정하고 그에 따라 유연하게 조정하여야 할 것이다.[11]

▶ 정확성: 어휘를 정확하게 사용하는지를 평가한다.(5점)

　　　　　 문법(문장 구조 포함)을 정확하게 사용하는지를 평가한다.(5점)

▶ 유창성: 발음과 머뭇거림, 반복 등의 유창성을 평가한다.(5점)

구인	배점	상	중	하
정확성(문법)	5	5, 4	3, 2	0
정확성(어휘)	5	5, 4	3, 2	0
유창성 (발음/머뭇거림/반복)	5	5, 4	3, 2	0

10) 제시된 평가지는 "한국어 말하기 성취도 평가 체계 개발 - 질문과 대답-", 국방어학원, 곽부모(2015)에서 질문과 대답을 평가하기 위한 자료로 활용된 것이다.

11) 평가에서 고려해야 할 부분은 정확성, 유창성, 다양성이지만 다양성은 질문과 대답에서는 평가하지 않았다. 이는 질문과 대답에서 평가자가 대화할 의도를 가지고 질문을 하는 것이므로 다양성을 평가에 적용하는 것이 부적합하다고 보았다.

질문과 대답 채점 평가지

구인	배점	내용
정확성 (문법)	5	모든 문제에 정확하게 대답함
	4	4문제를 문법적 오류 없이 정확하게 대답함
	3	3문제를 문법적 오류 없이 정확하게 대답함
	2	1~2문제를 문법적 오류 없이 정확하게 대답함
	0	문법이 부정확하여 의사소통이 어려움
정확성 (어휘)	5	어휘를 정확하게 사용함
	4	대체로 어휘를 정확하게 사용하는 편임
	3	정확하기는 하지만 어휘 사용이 단조로움
	2	어휘 사용이 다소 부정확하여 의사소통이 비효율적임
	0	어휘 사용이 부정확하여 의사소통에 방해가 됨
유창성 (발음/머뭇거림/반복)	5	발음이 정확하고 머뭇거리거나 반복하지 않음
	4	발음이 정확한 편이지만 약간 머뭇거림
	3	발음이 약간 부정확하고 머뭇거리거나 반복함
	2	발음이 부정확하고 머뭇거리거나 반복함
	0	발화 전개가 불가능함

〈초급 상 단계 '한국에서의 생활 경험' 주제로 질문에 대답하기 예시 답안〉

▶ 준비

교사: 안녕하세요? / 아침은 먹었습니까? / 공부는 많이 했습니까?

▶ 평가 안내

교사: 이번 말하기 평가는 '질문과 대답'입니다. 한국에서의 생활을 주제로 질문을 하겠습니다. 5개의 질문을 할 겁니다. 대답은 "네", "아니요", "모릅니다"로 할 수 없습니다.

교사: 그리고 질문을 모를 경우에는 바로 다음 질문을 하겠습니다. 준비됐으면 시작하겠습니다.

▶ 평가

교사: 한국에서 생활한 지 얼마나 되었습니까?

학생: 한국에서 생활한 지 9개월이 되었습니다. (벌써 9개월이 되었습니다.)

교사: 한국어 공부는 어떻습니까?

학생: 한국어 공부는 재미있는데 말하기는 어렵습니다.

   (한국어 공부하기가 어렵습니다.)

교사: 한국말을 잘하려면 어떻게 해야 할까요?

학생: 한국 사람과 자주 이야기를 해야 합니다.

   (한국 드라마나 영화를 자막 없이 봐야 합니다.)

교사: 한국말을 잘하면 무엇을 하고 싶습니까?

학생: 한국 친구를 많이 사귀고 싶습니다.

교사: 한국에서 생활하는 동안 가장 하고 싶은 일은 무엇입니까?

학생: 한국의 여러 도시를 여행하고 싶습니다.

▶ 마무리

교사: 한국에서 생활하면서 여러 도시를 여행하기 바랍니다. 수고하셨습니다.

1. 브라질 학생

교사: 한국에서 생활한 지 얼마나 되었습니까?

학생: 에~ 한국에서 **생활해 와서** 에~ 벌써 한국에 온 지 8개월 쯤 되었습니다.

교사: 한국어 공부는 어떻습니까?

학생: 에~ 한국어 공부하기가 **어려운데 재미있습니다.**

교사: 그런데 한국말을 잘하려면 어떻게 해야 할까요?

학생: 아~ 한국어 잘하려면 열심히 공부해야 됩니다.

교사: 한국말을 지금보다 잘하면 무엇을 하고 싶습니까?

학생: 아! 저는 한국어 잘하려면 더 열심히 에~ 공부하고 말하기 연습도 에~ 하고 싶습니다. 그리고 에~ 한국 사람과 많이 대화를 에~ 하고 싶습니다.

교사: 한국에서 생활하는 동안 가장 하고 싶은 일은 무엇입니까?

학생: 아~, 에~ 저는 제주도에 에~ 가고 싶습니다.

교사: 한국에서 생활한 지 얼마나 되었습니까?

학생: 3월에 왔는데 에~ 한국에 온 지 **8월에** 에~ 지났습니다.

교사: 한국어 공부는 어떻습니까?

학생: 처음에는 조금 힘들었는데 에~ 지금은 괜찮아요.

교사: 그런데 한국말을 잘하려면 어떻게 해야 할까요?

학생: 아~, 예~ 먼저 매일매일 공부하고 에~ 단어는 **중요하는
데** 단어도 외우십시오. 다음에 듣기 **CD를도** 들으면 말하
기도 좋아졌습니다.

교사: 한국말을 지금보다 잘하면 무엇을 하고 싶습니까?

학생: 아! **한국말을 좋아졌으면** 먼저 에~ 에~ 먼저 **아내와** 조금
에~ 한국말 가르치고 싶습니다. 다음은 내년에 대전에
가서 에~ 대전에서 수업에서 무슨 말 에~ 무슨 말 **했으
면 모두 알아야 싶습니다.**

교사: 한국에서 생활하는 동안 가장 하고 싶은 일은 무엇입니까?

학생: 아~ 한국에 왔을 때 전에 아내와 이야기했습니다. 에~
한국에 **가기 후에** 한국 근처에 에~ 모두 구경하고 싶습니
다. 한국에서도 에~ 지금까지 여러 도시를 구경했는데
에~ 내년에도 다른 도시를 에~ 구경하고 싶습니다.

3. 미얀마 학생

교사: 한국에서 생활한 지 얼마나 되었습니까?

학생: 저는 한국에 2014년 2월 28일에 왔습니다. **그래서 지금까지 한국에 온 지** 벌써 7개월이 지났습니다.

교사: 한국어 공부는 어떻습니까?

학생: 처음에는 조금 힘들었는데 지금은 선생님들 덕분에 **우리 학생들 모두 점점 좋아지고 있다고** 생각합니다.

교사: 그런데 한국말을 잘하려면 어떻게 해야 할까요?

학생: 한국말을 잘하려면 공부 많이 해야 합니다. 그리고 듣기를 잘해야만 말하기도 잘 할 수 있습니다.

교사: 한국말을 지금보다 잘하면 무엇을 하고 싶습니까?

학생: 한국말을 지금보다 잘하면 나중에 **한국에서 사귀는 사람과** 일을 같이 하면 더 좋을 것 같습니다.

교사: 한국에서 생활하는 동안 가장 하고 싶은 일은 무엇입니까?

학생: 저는 한국에 있는 역사 유적지, 그리고 한국 사람의 생활, 그리고 **지금의 여러 가지 분야에 얼마나 발전했는지 구경하고** 싶습니다.

교사: 한국에서 생활한 지 얼마나 되었습니까?

학생: 저는 한국에서 생활한 지 **어~** 8개월이 지났습니다.

교사: 한국어 공부는 어떻습니까?

학생: 한국어 공부는 **어렵지 않은데 재미있어서 어~** 하지만 **지금까지 말하기가 어렵습니다.**

교사: 그런데 한국말을 잘하려면 어떻게 해야 할까요?

학생: 한국어 잘하려면 먼저 자막 없이 한국 드라마를 보고 그 다음에 **어~ 한국 사람에게** 이야기해야 합니다.

교사: 지금보다 한국말을 잘하면 무엇을 하고 싶습니까?

학생: 저는 한국말 잘하면 **어~ 어~ 한국 뉴스 매일매일** 한국 뉴스 볼 겁니다.

교사: 한국에서 생활하는 동안 가장 하고 싶은 일은 무엇입니까?

학생: 아~ 가족과 같이 한국 여행하고 **여러 가지 한국의 수도에 갈 겁니다.**

5. 카자흐스탄 학생

교사: 한국에서 생활한 지 얼마나 되었습니까?

학생: 한국에서 벌써 9개월쯤 **어~ 지났습니다.**

교사: 한국어 공부는 어떻습니까?

학생: 한국어를 **어렵습니다.** 한국어를 잘 **알려면** 한자어를 배워야
됩니다. 그래서 어렵습니다.

교사: 그런데 한국말을 잘하려면 어떻게 해야 할까요?

학생: 한국어를 잘하려면 어~ **저 생각은** 먼저 말하기 연습 다음
에 한국 텔레비전을 보고 어~ 그 다음에 수업 때 열심히
공부하고 **그리고 해야 합니다.**

교사: 한국말을 지금보다 잘하면 더 무엇을 하고 싶습니까?

학생: 지금보다 잘하면 한자어를 배우고 싶어요.

교사: 한국에서 생활하는 동안 가장 하고 싶은 일은 무엇입니까?

학생: **한국 전통 어~ 전통을** 알고 싶어요. 역사와 전통.

6. 말레이시아 학생

교사: 한국에서 생활한 지 얼마나 되었습니까?

학생: 한국에서 벌써 아~ 8개월 지났습니다.

교사: 한국어 공부는 어떻습니까?

학생: 어렵지만 선생님 덕분에 도움이 많았습니다.

교사: 그런데 한국말을 잘하려면 어떻게 해야 할까요?

학생: 아~ 주로 **텔레비전으로 한국 드라마** 자막 없이 봐야 합니다.

교사: 지금보다 한국말을 잘하면 무엇을 하고 싶습니까?

학생: 아~ 여자 친구 **사귀하고 싶습니다.**

교사: 한국에서 생활하는 동안 가장 하고 싶은 일은 무엇입니까?

학생: 음~ 한국에서 설악산에 가려고 합니다.

7. 우크라이나 학생

교사: 한국에서 생활한 지 얼마나 되었습니까?

학생: 에~ **한국에 한국에 3월에 왔을 때 에~ 지금** 벌써 8월에 정
도 되었습니다.

교사: 한국어 공부는 어떻습니까?

학생: 처음에는 처음에는 에~ 힘들었는데 **가끔 에~ 지금은 한국**
친구와 같이 이야기한 후에 에~ 정말 재미있습니다.

교사: 그런데 한국말을 잘하려면 어떻게 해야 할까요?

학생: 먼저 한국 사람과 **대화 대화 이야기한** 후에 재미 있는 영화
도 보고 에~ 아마 밖에서 나가야 잘 할 수 있을 겁니다.

교사: 한국말을 지금보다 잘하면 무엇을 하고 싶습니까?

학생: **음~ 하~ 무엇을 하고 싶습니다?** 아마 역사와 운동도 좋아하는데
먼저 좋아하는데 음~ 재미있는 활동 에~ 활동하면서 한국 생활
이 즐겁게 지낼 겁니다.

교사: 한국에서 생활하는 동안 가장 하고 싶은 일은 무엇입니까?

학생: 제 가장 하고 싶은 일 에~ 아~ 아마 졸업 같은 같은 날인데 제
고향에서 제 부모님 아주 보고 싶어서 지금 졸업 어~ 졸업 날 아
주 기다립니다.

교사: 한국에서 생활한 지 얼마나 되었습니까?

학생: 지금 한국에 온 지 벌써 8개월이 지났습니다.

교사: 한국어 공부는 어떻습니까?

학생: 한국어 공부는 재미있습니다. **다음에는 좀 어려운데 지금에는 한국 친구한테 이야기할 수 있습니다.**

교사: 그런데 한국말을 잘하려면 어떻게 해야 됩니까?

학생: 한국말을 잘하려면 먼저 듣기를 잘할 수 **있어야 그래서** 듣기를 잘하면 말하기도 잘할 수 있습니다. 그래서 저는 친구와 같이 이야기도 하고 듣기 연습도 하고 드라마도 보고 다음에 잡지도 읽고 이렇게 장호원에 있는 이천에 있는 많은 사람들과 같이 한국어로 이야기할 수 있어요.

교사: 지금보다 한국말을 잘하면 더 무엇을 하고 싶습니까?

학생: **음~ 한국말을 지금보다 잘하고 싶으면 아마 저는 생각합니다. 말하기 가장 중요합니다. 그래서 밖에 가고 밖에 있는 사람들과 같이 이야기하고 이렇게 선생님과 같이 질문에 대답합니다.**

교사: 한국에서 생활하는 동안 가장 하고 싶은 일은 무엇입니까?

학생: 한국에서 생활하는 동안 가장 하고 싶은 일은 저는 **지금까지 이제까지 한국문화 잘 하게 됩니다.** 그래서 제 가족과 같이 다시 여러 장소에 가고 문화와 알고 싶습니다.

9. 태국 학생

교사: 한국에서 생활한 지 얼마나 되었습니까?

학생: 3월에 왔으니까 한국에 온 지 벌써 7개월이 넘었습니다.

교사: 한국어 공부는 어떻습니까?

학생: 처음에는 좀 힘들었는데 듣기 **CD**를 듣고 배운 문장 열심히 공부 **아~ 해서** 지금은 잘합니다.

교사: 그런데 한국어를 잘하려면 어떻게 해야 할까요?

학생: 배운 문장 외워서 한국 사람들과 **직접 사용 어~ 아~ 사용하고 어~ 열심히 공부하고 잘 합니다.**

교사: 지금보다 한국말을 잘하면 무엇을 하고 싶습니까?

학생: 아! **질문 다시 아~** 한국 사람들 사귀고 싶습니다. **한국 친구 작습니다.**

교사: 앞으로 0000은 1년 정도 한국에서 살아야 합니다. 한국에서 생활하는 동안 가장 하고 싶은 일은 무엇입니까?

학생: 한국 생활 **다시, 아~ 스키를 타고 아~** 싶습니다. **한국 여자도 데이트하고 싶습니다.**

교사: 스키는 왜 타고 싶습니까?

학생: 지금은 **아~ 잘 모릅니다.**

교사: 태국에는 스키장이 없습니까? 꼭 가 보세요.

교사: 한국에서 생활한 지 얼마나 되었습니까?

학생: 음~ 3월에 왔으니까 8개월이 넘었습니다.

교사: 한국어 공부는 어떻습니까?

학생: 처음에는 어려웠는데 지금은 선생님들 덕분에 이렇게 한국어로 이야기할 수 있어서 재미있습니다.

교사: 그런데 한국말을 잘하려면 어떻게 해야 할까요?

학생: 어제 저는 비디오에서 볼 때 미국 사람 이야기했습니다. 다른 나라의 언어 배울 때 두 개 중요합니다. **첫 번째 단어, 아~ 두 번째 문법** 이해해야 합니다. 하지만 문법보다 단어 더 중요합니다. 왜냐하면 **단어 없으면 이야기할 수 없습니다.**

교사: 맞습니다. 먼저 어휘를 알아야 합니다. 한국말을 지금보다 잘하면 무엇을 하고 싶습니까?

학생: 내년에 00대학교에 공부하려고 합니다. 더 노력해야 합니다. 왜냐하면 지금 공부하는 단어 문법은 아마 내년에 00대학교에 공부하면 **조금만 도움 됩니다.**

교사: 한국에서 생활하는 동안 가장 하고 싶은 일은 무엇입니까?

학생: 여행하고 싶습니다.

11. 캄보디아 학생

교사: 한국에서 생활한 지 얼마나 되었습니까?

학생: 저는 3월에 왔으니까 **벌써 8개월이 벌써 한국에 8개월이 넘** 었습니다.

교사: 한국어 공부는 어떻습니까?

학생: **어~ 처음에는 어~** 힘들었는데 지금은 한국말로 친구들과 이 야기할 수 있어서 여러 이야기를 할 수 있어서 재미있습니다.

교사: 그런데 한국말을 잘하려면 어떻게 해야 할까요?

학생: 한국 친구와 대화 **어~** 연습을 하고 좋겠습니다. 다음에 영화 **음~** 영화 보면 더 좋습니다.

교사: 지금보다 한국말을 잘하면 무엇을 하고 싶습니까?

학생: **어~ 더 잘하면? 한국 사람 직접 한국어를 사용할 수 있으니까** 여러 여러 이야기를 할 수 있으면 음~ 있으면 좋습니다.

교사: 000은 앞으로 한국에서 1년 정도 더 생활해야 합니다. 한 국에서 생활하는 동안 가장 하고 싶은 일은 무엇입니까?

학생: **어~ 한국 추석 날 가장 좋아하는 것을 좋아합니다.**

교사: 한국 추석을 경험하고 싶습니까? 작년 추석 때 무엇을 했습 니까?

학생: 저는 추석 때 저는 **어~ 어~** 안산에 갔다왔습니다.

교사: 한국에서 생활한 지 얼마나 되었습니까?

학생: 지금 벌써 지금은 9개월이 한국에 온 지 지났습니다.

교사: 한국어 공부는 어떻습니까?

학생: 처음에는 너무 힘들었는데 지금은 **아마 괜찮습니다.**

교사: 그런데 한국말을 잘하려면 어떻게 해야 할까요?

학생: **아! 음~ 저는 항상 TV**를 보고 **책** 읽습니다.

교사: 지금보다 한국말을 잘하면 무엇을 하고 싶습니까?

학생: **음~ 요즘은 눈이 아마 눈이 내리면 스키를** 하고 싶습니다.

교사: 스키는 한국어를 못해도 탈 수 있습니다.

학생: 어디, 어디? 잘 몰라요.

교사: 0000는 앞으로 한국에서 1년 정도 더 생활해야 합니다. 한국에서 생활하는 동안 가장 하고 싶은 일은 무엇입니까?

학생: **공부합니다.**

교사: 여행은 하고 싶지 않습니까?

학생: 내년에 공부하는 일 중요합니다.

13. 베트남 학생

교사: 한국에서 생활한 지 얼마나 되었습니까?

학생: **지금은 7, 6개월**, 한국에서 온 지 7개월이 됐습니다.

교사: 한국어 공부는 어떻습니까?

학생: 처음에는 저는 힘들었습니다. 지금은 **열심히 아~ 공부하는데** 지금은 괜찮습니다.

교사: 그런데 한국말을 잘하려면 어떻게 해야 합니까?

학생: 아~ 먼저는 제가 혼자는 공부했는데 다음은 OO 같이 공부했습니다. 그리고 제가 생각합니다. 해국어, 외국어 공부할 동안 단어 단어 발음 아주 중요합니다. 어~ 단어 발음 같이 공부 그리고 다음에 문법 같이 사전하는게 좋겠습니다.

교사: OOO이 한국말을 지금보다 잘하면 무엇을 하고 싶습니까?

학생: 제가 한국에서는 음~ 내년에 OO대학교에 공부할 겁니다. 그리고 여기에서 제목은 모두 어렵습니다. 그리고 제가 생각하에는 먼저 공부하는 좋습니다. 공부하는 하지만 노력노력 많이 많이 하는게 좋습니다. 그리고 여기에서 한국에서 관광이 많습니다. 그리고 시간 있으면 휴가 때 다른 장소에 갈 겁니다.

교사: OOO이 한국에서 1년 동안 더 생활해야 합니다. 1년 동안 더 생활하는 동안 가장 하고 싶은 일이 뭐예요?

학생: 아~ 여기에서 가장 제 문제는 낚시가 아주 좋아요. 가장 중요는 건강 있습니다. 건강 있으면 모두 해도 됩니다. 해야도 됩니다. 공부 하는게 좋겠습니다.

교사: 한국에서 생활한 지 얼마나 되었습니까?

학생: 에~ 저는 한국에 온 지 **8개월에 지냈습니다.**

교사: 한국어 공부는 어떻습니까?

학생: 아~ 처음에는 너무 힘들었는데 지금은 **어~ 쉽습니다.**

교사: 그런데 한국말을 잘하려면 어떻게 해야 됩니까?

학생: 선생님 덕분에 그리고 **숙소하고 많이 연습하고** 밖에서 **한국 사람 어~ 지하철으로** 이야기합니다. 그리고 점점 조금할 수 있습니다.

교사: 지금보다 한국말을 잘하면 더 무엇을 하고 싶습니까?

학생: 아마~ 아, 아직 아직 계획 없습니다. 하지만 아마 다음에 한국에서 **에~ 취직, 일합니다.**

교사: 한국에서 생활하는 동안 가장 하고 싶은 일은 무엇입니까?

학생: **한국 생활할 때 많이 장소 갑니다. 많이 파티했습니다.** 하지만 가장 민속촌 OOO에서 갔습니다. 아주 재미있습니다. 에~, 그래서 한국에 처음 왔습니다. 그리고 스트레스가 많이 쌓입니다. 그래서 민속촌 가면 아주 재미있습니다.

15. 나이지리아 학생

교사: 한국에서 생활한 지 얼마나 되었습니까?

학생: 아~ 3월에 왔으니까 벌써 8개월이 지났습니다.

교사: 한국어 공부는 어떻습니까?

학생: 처음에는 너무 힘들었는데 음~ 지금은 어~ 이제는 별로 어렵지 않습니다.

교사: 그런데 한국어를 잘하려면 어떻게 해야 됩니까?

학생: 많이 공부하고 아~ 한국 영화 드라마를 자막 없이 보고 한국어 잘 됐습니다.

교사: OOO도 한국 드라마 자막 없이 볼 수 있습니까?

학생: 쪼~금, 조금 봅니다.

교사: OOO이 지금보다 한국말을 더 잘하면 무엇을 하고 싶습니까?

학생: 지금은 **여러 가지 도시 아~ 가고 싶어서** 아마 내년에 시간이 있을 때는 아~ 갈 거예요.

교사: 한국에서 생활한 지 얼마나 되었습니까?

학생: 한국에 생활한 지 어~ 지금은 9개월 언제 됩니까?

교사: 한국어 공부는 어떻습니까?

학생: 어렵지만 재미있습니다. **선생님 덕분에 지금까지 아마 제 생 각은 잘 합니다.**

교사: 그런데 한국말을 잘하려면 어떻게 해야 할까요?

학생: **아~ 아~ 지금까지 수업만 아~ 어떻게 선생님 같이 수업 때 공부 합니다. 하지만 다른 아~ 연습은 아마 한국 사람 같이 연습하면 더 좋습니다. 다음에 더 이야기 잘합니다. 저는 여름 휴가 때 러 시아어 공부하는 한국 사람 같이 연습 이야기 말하기 연습했습니 다. 하지만 지금은 한국어는 조금 쉽게 합니다.**

교사: 000은 한국말을 잘하면 더 무엇을 하고 싶습니까?

학생: 저는 한국에서 일하고 싶습니다.

교사: 그래요? 무슨 일 하고 싶습니까?

학생: 아마 사무실에서 어~ 일하고 싶습니다. 하지만 고향에서 일 있어서 고향에서 일을 할 겁니다.

교사: 이제 1년 더 한국에서 생활해야 됩니다. 한국에서 생활하는 동안 가장 하고 싶은 일은 무엇입니까?

학생: **한국에서? 고향에서? 먼저 아마 시작하면, 먼저는 아르바이트를 하고 싶습니다. 다음에 한국어 잘하면 아마 네~ 사무실에 다른 일도 있어서 더 좋습니다.**

17. 브라질 학생

교사: 한국에서 생활한 지 얼마나 되었습니까?

학생: 7개월, 지금 8개월 음~ 8개월인지, 있습니다.

교사: 한국어 공부는 어떻습니까?

학생: 한국, 한국어 아주 어렵습니다. 저는 힘들었는데 잘 아주 힘들었는데 공부했습니다.

교사: 그러면 한국말을 잘하려면 어떻게 해야 할까요?

학생: 먼저 저는 텔레비전 자주 봅, 봤습니다. 그리고 항상 친구를 쉽, 쉽습니다. 쉬웠습니다.

교사: 그렇습니까? 지금보다 한국말을 잘하면 무엇을 하고 싶습니까?

학생: 한국어를 잘하면 저는 에~ 대전에 가서 에~ 은행 많이 여행 많이 하고 에~ 음~ 친구 친구도 많이 마나고 에~ 제 아내와 같이 더 에~ 물건을 사고 으~

교사: 그러면 한국에서 생활하는 동안 가장 하고 싶은 일은 무엇입니까?

학생: 한국에서? 가장? 한국에서 가장? 네, 네, 다시?

교사: 한국에서 생활한 지 얼마나 되었습니까?

학생: 아~(7초) 9개월 9개월 한국에서 왔습니다.

교사: 한국어 공부는 어떻습니까?

학생: 공부는 한국어 배우는 것은 어~ 음~ 저에게 한국 생활과 문화를 아~ 좋아하게 에~ 아~ 음~ 만들어 주었습니다.

교사: 그런데 한국말을 잘하려면 어떻게 해야 할까요?

학생: 아~ 항상 한국 친구 아~ 연습 말하기 텔레비전부터 에~ 아~ 저도 밤마다 공부합니다.

교사: 지금보다 한국말을 더 잘하면 무엇을 하고 싶습니까?

학생: 아~ 아마 내일 대전에 갈까요? 한국어 말하기 이야기 아~ 사용합니다. 그래서 한국어 말하기 지금만 모르면 아마 내일 아~ 한국어 말하기 아~ 만들었습니다.

교사: 한국에서 생활하는 동안 가장 하고 싶은 일은 무엇입니까?

학생: 가장 외국 사람들이 새로운 아~ 사겼어요. 또한 한국어 생활 아~ 즐겼습니다.

19. 바레인 학생

교사: 한국에서 생활한 지 얼마나 되었습니까?

학생: 3개월에 왔으니까 **아~ 벌써** 한국에 온 지 10개월이 넘었습니다.

교사: 한국어 공부는 어떻습니까?

학생: **아~ 물론**, 재미있습니다. 처음에는 아주 어렵습니다. 지금은 괜찮습니다.

교사: 한국어를 잘하려면 어떻게 해야 됩니까?

학생: 저는 보통 한국의 드라마 봅니다. 그리고 보통 한국 사람들과 이야기합니다. 그리고 **여자 친구 있으면** 아주 좋겠습니다.

교사: 지금보다 한국말을 잘하면 무엇을 하고 싶습니까?

학생: 대학생 **되고** 싶습니다. 그리고 장학금 받고 싶습니다.

교사: 앞으로 4년 정도 한국에서 더 살아야 됩니다. 한국에서 생활하는 동안 가장 하고 싶은 일은 무엇입니까?

학생: **저는~, 다시 한번,**

교사: 한국에서 생활하는 동안 가장 하고 싶은 일은 무엇입니까?

학생: 하고 싶은 일? **아~아~, 삼성 회사에서** 일하고 싶습니다.

교사: 삼성에서 일하고 싶어요? 제 질문은 앞으로 4년 정도 한국에서 생활해야 됩니다. 앞으로 가장 하고 싶은 일, 그동안 가장 하고 싶은 일 여행이나 공부, 취미

학생: **에! 저는 시간이 있으면** 한국 사람과 축구를 하고 싶습니다. 생도들과 축구 있으면 아주 좋습니다.

교사: 한국에서 생활한 지 얼마나 되었습니까?

학생: **저는 8개월 온 지 한국에 합니다.**

교사: 한국어 공부는 어떻습니까?

학생: **한국어 어렵습니다. 하지만 저는 지금까지 한국어 좋아합니다.**

교사: 그런데 한국말을 잘하려면 어떻게 해야 할까요?

학생: **음~ 저는 생각, 아마 열심히 공부해야 합니다.**

교사: 한국말을 지금보다 잘하면 무엇을 하고 싶습니까?

학생: **지금 생각 없습니다. 저는 생각 한국어 잘하면 내년에 한국어 다시 여행할 겁니다.**

교사: 언제 고향에 돌아갈 겁니까?

학생: **12월 6일 어~ 갈 겁니다.**

교사: 시간이 많이 없습니다. 그러면 한국에서 생활하는 동안 가장 하고 싶은 일은 무엇입니까?

학생: **엄~ 처음부터 지금까지 가장 아~ 한국어와 한국 문화 어렵습니다. 생활도 어렵습니다. 왜 저는 한국말로 잘 못했습니다. 그래서 한국에서 아주 어렵습니다.**

제 2 장
교사를 위한 질문과 대답 평가 실제

1. 평가 절차

말하기 시험에서 평가자는 지시를 내리고, 질문을 하고, 학생의 발화에 반응을 하고, 동시에 그 결과를 평가한다. 따라서 평가자는 학생의 언어 능력을 최대화하기 위해서 어떤 질문을 해야 하는지, 학생의 어느 쪽에 앉아야 하는지, 눈에 띄지 않게 점수를 어떻게 기록해야 하는지, 학생을 어떻게 맞이하고 어떻게 끝마쳐야 하는지를 숙지하고 있어야 한다. 그리고 가장 중요한 것은 평가 동안 학생이 편안함을 느낄 수 있게 하는 기술과 동시에 시간배분 같은 세부사항에도 주의를 기울여서 학생 모두가 과제를 이해하고, 동일한 횟수와 동일한 유형의 발화 기회를 가지도록 해야 하는 것이다[12]. 질문과 대답 평가를 위해서 녹음 가능한 도구를 준비하고 평가 소요 시간은 준비와 마무리 시

---

12) Alderson, J. C., Clapham, C., & Wall, D.(1995). Language test construction and evaluation. '언어 텍스트의 구성과 평가', 김창구 · 이선진 옮김(2013), 138~142쪽 참조.

간을 포함하여 학생 한 명 당 5~6분으로 하고 학생이 긴장하지 않고 자연스럽게 대답할 수 있도록 분위기를 유도해야 한다. 다음은 질문과 대답 실제 평가 절차이다.

1) 준비: 간단한 대화로 긴장감을 풀어준다.

▶ 안녕하세요? / 아침 먹었습니까? / 공부 많이 했습니까?

2) 설명: 평가에 대하여 안내한다.

▶ 이번 말하기 평가는 질문과 대답입니다. 한국에서의 생활을 주제로 질문을 하겠습니다. 5개의 질문을 할 겁니다. 대답은 "네", "아니요", "모릅니다"로 할 수 없습니다. 질문을 모르는 경우에는 바로 다음 질문을 하겠습니다. 준비됐으면 시작하겠습니다.

3) 질문과 대답 평가 진행: 본 평가를 진행한다.

교사 : 한국에서 생활한 지 얼마나 되었습니까?
학생 : 한국에서 생활한 지 9개월이 되었습니다.
교사 : 한국어 공부는 어떻습니까?
학생 : 한국어 공부는 재미있는데 말하기는 어렵습니다.
교사 : 한국말을 잘하려면 어떻게 해야 할까요?
학생 : 한국 사람과 자주 이야기를 해야 합니다.
교사 : 한국말을 잘하면 무엇을 하고 싶습니까?
학생 : 한국 친구를 많이 사귀고 싶습니다.
교사 : 한국에서 생활하는 동안 가장 하고 싶은 일은 무엇입니까?
학생 : 한국의 여러 도시를 여행하고 싶습니다.

4) 마무리: 간단한 대화로 마무리한다.

교사 : 수고하셨습니다. 다음 시험도 잘 보세요.

2. 평가

질문과 대답 평가에서는 얼마나 정확하게 문법 요소를 사용하는지, 어느 정도의 어휘 실력을 가지고 있는지, 발음이 의사소통에 지장을 주지 않는지 등에 초점을 두어 평가를 한다. 예를 들면, "한국말을 잘하면 무엇을 하고 싶습니까?"라는 질문에 "한국 친구를 많이 사귀고 싶습니다."라고 대답할 경우 질문에 맞는 응답으로 정확성은 만점이다. 하지만 "한국 친구", "친구 많이", "친구 사귑니다."등의 중요 메시지만을 응답할 경우에는 감점이다. 그리고 의사소통에 지장을 줄 정도의 반복, 머뭇거림, 발음 또한 감점이 된다. 다음은 실제 채점 내용이다.

한국 생활 경험을 주제로 질문에 대답하기 - 학생의 대답 평가 예시

	학생의 대답	목표 문법
1	한국에서 생활한 지 얼마나 되었습니까? → 저는 지금 9개월이 지났습니다.	-(으)ㄴ 지
2	한국어 공부는 어떻습니까? → 처음에는 조금 힘들었는데 지금은 한국말로 친구들과 이야기할 수 있어서 재미있습니다.	-(으)ㄴ데/는데
3	한국어 말하기를 잘하려면 어떻게 해야 할까요? → 한국 친구를 많이 사귀고 싶습니다.	-(으)려면
4	지금보다 한국말을 더 잘하면 무엇을 하고 싶습니까? → 한국사람들과 어~ 같이 이야기 어~ 많이많이 더 하고 싶습니다.	-(으)면
5	한국에서 생활하는 동안 하고 싶은 일은 무엇입니까? → 제주도와 부산에 가고 싶습니다.	-는 동안

1) 문법 사용의 정확성

문법적 오류 없이 모든 문제를 정확하게 대답하면 '상' 5점부터 문법이 부정확하여 의사소통이 어려우면 '하' 0점까지 배점되어 있으나 다섯 개의 문항 중에서 3번처럼 한 문항의 대한 대답이 정확하게 표현되지 못하였으므로 평가자 모두 4점을 배점하였다. 문법 사용의 정확성은 목표 문법을 이해하고 정확한 관형사형, 연결어미, 조사 등을 사용하는지를 유의하여 평가하여야 한다.

2) 어휘 사용의 정확성

어휘를 정확하게 사용하면 '상' 5점부터 어휘 사용이 부정확하여 의사소통에 방해가 되면 '하' 0점까지 배점이 되어 있으나 어휘를 사용한 면에 있어서는 내용과 크게 어긋난 것이 없으나 한정된 어휘를 사용한 점에서 평가자 모두 4점을 배점하였다.

어휘의 정확성을 평가하는 데에 있어서는 질문에 적절한 어휘를 사용하는지가 중요한데 질문 주제와 관련된 경험, 계획과 연관된 어휘를 사용하였는지를 평가하여야 한다. 어휘 사용이 단조롭거나 부정확하여 의사소통이 비효율적인 경우에는 감점의 요인이 된다.

3) 유창성(발음, 머뭇거림, 반복)

유창성에서는 한 명의 평가자는 4점을 다른 평가자는 3점을 배점하였는데 그 이유는 발음에서는 정확하지만 생각을 요구하는 질문인 4번 문항의 대답에 머뭇거림과 반복이 있어서이다. 이에 대한 평가자의 기준은 교사의 경험과도 관련된 것이라고 생각되는데 평가자1.은 초급 경험이 많은 교사여서 4점을 배점하였고 평가자2.는 다른 문항에서는 반복이 없었지만 반응 속도가 다른 학생에 비해 느린 점을 고려하여 3점을 배점하였다고 하였다. 유창성에

서는 발음과 머뭇거림, 반복 등을 고려하여 평가하여야 하는데 발음이 정확
하여 '상'을 받았어도 모든 문항에서 반복과 머뭇거림이 있으면 '중'도 고려
해야 한다고 평가자2.는 판단하였다. 유창성을 평가함에 있어서는 발음, 머뭇
거림, 반복을 모두 동시에 평가해야 하는 점에서 어려운 점도 있으나 발음,
머뭇거림, 반복을 '상', '중', '하'로 판단하여 평가한다면 보다 명확한 평가가
이루어질 것이다.

평가자 1

구인	배점	상	중	하
정확성(문법)	5	5, ④	3, 2	0
정확성(어휘)	5	5, ④	3, 2	0
유창성 (발음/머뭇거림/반복)	5	5, ④	3, 2	0

평가자 2

구인	배점	상	중	하
정확성(문법)	5	5, ④	3, 2	0
정확성(어휘)	5	5, ④	3, 2	0
유창성 (발음/머뭇거림/반복)	5	5, 4	③, 2	0

앞에서 제시한 채점표와 같이 학생은 15점 만점에 평균 11.5점을 받았다.

한 가지 아쉬운 점은 전사를 함에 있어서 정밀전사(narrow transcription)가 아닌 간략전사 방식으로 전사하여 이 책을 접하는 사람들에게 평가 현장을 정확하게 전달하기에는 부족하였고 학생과의 상호 반응적 결과를 담지 못한 것이다.

나가며

질문과 대답에 관하여 말하기 평가를 실시하고 학생들에게 질문과 대답이 어떠했는지 물어 본 적이 있다. 학생들은 대부분 평가자가 조금 천천히 질문하기를 원했으며 한번 듣고 이해하지 못한 질문은 평가자가 다시 질문해 주기를 바랐다. 이 부분은 다음에 평가를 할 때 필자와 더불어 이 글을 읽는 한국어 선생님들께서 같이 고민해 주셨으면 좋겠다.

그동안 관심 있는 분야의 책을 읽고 그와 관련된 논문을 써 왔다. 그런데 주제가 주어지고 연구를 하려고 하니 관련된 자료를 정리하고 분석하는 것은 어려운 일이 아니었으나 평가 기준을 설정하고 문항을 만들고 이와 관련된 평가를 하면서는 옳은 방향으로 제대로 하고 있는가를 끊임없이 스스로에게 되물어야 했다. 15년차 한국어교사인 지금의 시점에서 그 경험은 나에게 소중한 것이었다. 여러 기관에서 일하면서 말하기 평가를 함에 있어서 늘 학생들에게 질문과 대답을 하였다. 하지만 그 일들이 단순한 교사의 경험과 직관에 의한 평가가 아니었는지 스스로 반성하게 되었다.

이 책이 연구한 것들을 정리하는 데에 그치지 않았을까 걱정이 앞선다. 하지만 한국어 현장에 계신 모든 선생님들께서 한마디씩 덧붙여 주신다면 더 훌륭한 결과물로 커져나갈 것이라 믿는다.

곽부모

bumocity@hanmail.net

참고 자료 1

한국어능력시험 초급 어휘 목록

* 국립국어원 공개 자료 한국어 학습용 어휘 목록에서 초급 어휘만 발췌

ㄱ

가게(shop)

가깝다(near)

가끔(once in a while)

가다(go)

가르치다(teach)

가방(bag)

가볍다(light)

가수(singer)

가슴(chest)

가운데(middle)

가을(fall)

가장(most)

가져오다(bring)

가족(family)

가지다(have)

가지다(take)

간호사(nurse)

갈비(rib)

감기(influenza)

감사(appreciation)

감사하다(appreciate)

갑자기(without notice)

값(price)

강(river)

같다(the same)

같이(together with)

개(piece)

개월(month)

거기(there)

거리(distance)

거울(mirror)

걱정(worry)

걱정하다(worry about)

건강(health)

건강하다(healthy)

건물(building)

걷다(walk)

걸다(hang)

걸어가다(go on foot)

걸어오다(come on foot)

검은색(black color)

것(the one)

게임(game)

겨울(winter)

결혼(marriage)

결혼식(wedding ceremony)

결혼하다(marry)

경복궁(Gyeongbokgung palace)

경주(Kyungju city)

경찰(the police)

경찰관(police officer)

경찰서(police station)

경치(scenery)

계란(egg)

계속(continuation)

계시다(be(polite expression))
계절(season)
계획(plan)
고기(meat)
고등학교(high school)
고등학생(high school pupil)
고맙다(appreciate)
고양이(cat)
고프다(hungry)
고향(hometown)
곧(at once)
곳(place)
공(ball)
공부(study)
공부하다(to study)
공원(park)
공중전화(public phone)
공책(notebook)
공항(airport)
공휴일(holiday)
과(unit, chapter)
과일(fruit)
과자(cracker)
괜찮다(be all right)
교과서(textbook)
교수(professor)
교실(classroom)
교통(traffic)
교회(church)

구(nine)
구경(sightseeing)
구두(shoes(made of leather))
구름(cloud)
구십(ninety)
구월(September)
군인(soldier)
권(counting word for book)
귀(ear)
그(that)
그거(that, it)
그것(that thing)
그곳(that place, there)
그날(that day)
그동안(the while)
그때(at that time)
그래(O.K.)
그래서(so)
그래서(then)
그러나(but, however)
그러니까(so, therefore)
그러면(if so, then)
그리고(and)
그리다(draw)
그림(picture)
그분(that person)
그쪽(that direction)
극장(theater)
근처(near)

금요일(Friday)

급(grade)

기다리다(wait)

기분(feeling)

기숙사(dormitory)

기차(train)

길(road)

길다(be long)

김밥(rice rolled in dried laver)

김치(Kimchi)

깎다(give a discount)

깨끗하다(be clean)

꼭(by all means)

꽃(flowers)

꿈(dream)

끄다(turn off)

끝(the end)

끝나다(be end/finished)

끝내다(be done)

ㄴ

나(I, me)

나가다(go out)

나다(occur)

나라(country)

나무(tree)

나쁘다(be bad)

나오다(come out)

나이(age)

나중(some other time)

날(day)

날다(fly)

날씨(weather)

날짜(date)

남녀(male and female)

남대문(Namdaemun)

남대문시장(Namdaemun market)

남동생(younger brother)

남자(man)

남쪽(the south)

남편(husband)

남학생(male pupil)

낮(day)

낮다(be low)

내년(next year)

내다(pay)

내다(cheer up)

내려가다(go down)

내려오다(come down)

내리다(get off)

내일(tomorrow)

냉면(Naengmyeon(cold noodle))

냉장고(refrigerator)

너(you)

너무(too much)

넓다(be wide)

넣다(put in)
네(yes)
넥타이(tie)
넷(four)
넷째(the fourth)
년(year)
노란색(yellow color)
노래(song)
노래하다(sing)
노트(notebook)
놀다(play)
놀라다(be surprised)
높다(be high)
놓다(put)
누구(who)
누나(male's older sister)
눈(eye)
눈(snow)
눈물(tear)
뉴스(news)
늦다(late)
늦다(be late(at an appointed hour))

ㄷ

다(all)
다녀오다(come back)
다니다(attend)

다르다(be different)
다른(other/another thing)
다리(legs)
다섯(five)
다섯째(the fifth)
다시(again)
다음(next)
닦다(clean)
단어(word)
닫다(close, shut)
달(moon)
달다(be sweet)
달러(dollar)
달력(calender)
닭(chickens)
닭고기(chicken meat)
담배(cigarette)
대답(answer)
대답하다(give an answer)
대사관(embassy)
대학(university, college)
대학교(university)
대학생(university student)
대화(conversation)
댁(house(polite expression))
더(more)
덥다(be hot (weather))
도서관(library)
도시(city)

도와주다(help)

도착(arrival)

도착하다(arrive)

독일(Germany)

돈(money)

돌아가다(go back)

돌아오다(come back)

돕다(help)

동물(animal)

동생(younger brother/sister)

동안(in the meantime)

동쪽(the east)

돼지(pig)

돼지고기(pork)

되다(become)

두(of two)

둘(two)

둘째(the second)

뒤(behind)

드리다(give (polite expression))

듣다(listen)

들다(carry)

들어가다(go in)

들어오다(come in)

등산(mountain climbing)

따뜻하다(be warm)

딸(daughter)

딸기(strawberry)

때(time, moment, when)

때문(because, because of)

떠나다(leave)

떡(rice cake)

또(and, also, too)

똑같다(the same)

똑바로(straight)

뛰다(run, jump)

뜨겁다(be hot(temperature))

ㄹ

라디오(radio)

라면(instant noodle)

러시아(Russia)

ㅁ

마리(counting word for animals)

마시다(drink)

마음(heart, mind)

마지막(the last)

마흔(forty)

만(ten thousands)

만나다(meet)

만들다(make)

많다(be many/much)

많이(many, much)

말(horse)

말다(do not)

말씀(speech(polite expression))

말씀하다(speak(polite expression))

말하다(talk)

맑다(fine, clear)

맛(taste)

맛없다(be untasty)

맛있다(be delicious)

매우(very)

매일(everyday)

매일(day after day)

맥주(beer)

맵다(be spicy)

머리(head)

먹다(eat)

먼저(first)

멀다(long distance)

메뉴(menu)

며칠(which day)

명(counting word for people)

몇(how many)

몇(how old)

모두(everything)

모두(everybody)

모든(all)

모르다(not know)

모자(cap, hat)

목(neck)

목요일(Thursday)

목욕(take a bath)

몸(body)

못(not possibly)

못하다(can not)

못하다(will not)

못하다(be unable to)

무겁다(be heavy)

무슨(which)

무엇(what)

문(door)

문제(question)

묻다(ask something)

물(water)

물건(thing, stuff)

물론(of course, as well as)

물어보다(ask question)

뭐(what)

뭐(something)

미국(America)

미안하다(be sorry)

미터(meter)

밑(the lower part)

ㅂ

바꾸다(change)

바나나(banana)

바다(the sea)

바람(wind)

바람(desire)

바로(right away)

바쁘다(be busy)

바지(pants)

박물관(museum)

밖(outside)

반(class)

반(half)

반갑다(be glad)

받다(receive)

발(foot)

발음(pronunciation)

밝다(bright)

밤(night)

밥(cooked rice)

방(room)

방학(vacation)

배(pear)

배(stomach)

배(ship, boat)

배고프다(be hungry)

배부르다(be full)

배우다(learn)

백(one hundred)

백화점(department store)

버리다(throw a thing)

버스(bus)

번(counting word for number)

번호(number)

벌써(already)

벗다(take off)

별(star)

병(counting word for bottle)

병원(hospital)

보내다(send)

보다(see)

보다(read)

보다(try)

보통(usually)

복잡하다(congestion of traffic)

볼펜(ballpoint pen)

봄(spring)

부르다(sing)

부모(parents)

부모님(parents(polite expression))

부부(husband and wife)

부산(Busan)

부엌(kitchen)

부인(wife, married woman)

북쪽(the north)

분(person(polite expression))

분(minutes)

불(fire)

불고기(Bulgogi(grilled beef))

불다(blow)

비(rain)

비누(soap)

비디오(video)

비빔밥(Bibimbap)

비슷하다(similar, resembling)

비싸다(be expensive)

비행기(plane)

빠르다(be fast)

빨간색(red color)

빨리(quickly)

빵(bread)

ㅅ

사(four)

사과(apple)

사다(buy)

사람(person)

사랑(love)

사랑하다(love)

사무실(office)

사십(forty)

사용하다(use)

사월(April)

사이(between)

사장(head of a company)

사전(dictionary)

사진(photo)

사탕(candy)

산(mountain)

산책(walking)

살(counting word for age)

살다(live)

삼(three)

삼십(thirty)

삼월(March)

새(bird)

새(new)

색(color)

샌드위치(sandwiches)

생각(thinking)

생각하다(think)

생기다(happen)

생선(fish)

생일(birthday)

생활(life)

샤워하다(take a shower)

서다(stand)

서로(each other)

서른(thirty(native Korean number))

서울(Seoul)

서울역(Seoul station)

서점(bookstore)

서쪽(the west)

선물(gift)

선물하다(give a gift)

선생(teacher, instructor)

선생님(teacher)

설명(explanation)

설명하다(explain)

설악산(Mount Sorak)

설탕(sugar)

세(of three)

세수(face washing)

세탁기(laundery machine)

센티미터(centimeter)

셋(three)

셋째(the third)

소개하다(introduce)

소금(salt)

소파(sofa)

소풍(picnic)

속(the inside)

손(hand)

손가락(finger)

손님(customer, guest)

쇠고기(beef)

쇼핑(shopping)

수(number)

수건(towel)

수박(watermelon)

수업(lessons)

수영(swimming)

수영장(swimming pool)

수요일(Wednesday)

숙제(homework)

숟가락(spoon)

술(alcoholic drink)

쉬다(rest)

쉰(fifty(native Korean number))

쉽다(be easy)

슈퍼마켓(supermarket, grocery)

스무(of twenty)

스물(twenty(native Korean number))

스키(ski)

스트레스(stress)

스포츠(sports)

슬프다(be sad)

시(hour)

시간(time)

시계(watch)

시원하다(be refreshing)

시월(October)

시작(the beginning)

시작되다(begin)

시작하다(start)

시장(market place)

시험(exam)

식당(restaurant)

식사(meal)

식사하다(take a meal)

식탁(dining table)

신다(put on shoes)

신문(newspaper)

신발(shoes)

실례(impoliteness)

실례하다(be impolite)

싫다(unpleasant)
싫어하다(dislike)
십(ten)
십이월(December)
십일월(November)
싶다(want to do something)
싸다(be cheap)
싸우다(quarrel)
쓰다(write)
쓰다(use)
쓰다(put on)
쓰레기(trash)
씨(Mr./Ms./Mrs.)
씻다(wash)

ㅇ

아(Ah!)
아기(baby)
아내(wife)
아니(no)
아니다(not)
아니요(no)
아들(son)
아래(under)
아름답다(be beautiful)
아마(maybe)
아무(anyperson)

아버지(father)
아빠(daddy)
아이(child)
아이스크림(ice cream)
아저씨(Mr., uncle)
아주(quite, very)
아주머니(Mrs., aunt, lady)
아줌마(aunty)
아직(yet, still)
아침(morning)
아파트(apartment)
아프다(be sick/ill)
아홉(of nine)
아흔(ninety(native Korean number))
안(in)
안(not)
안경(glasses)
안녕(hello, goodbye)
안녕하다(be well)
안녕히(goodbye)
안다(hug)
안되다(be not finished)
앉다(sit)
않다(not to be)
않다(be not)
알다(know)
앞(in front of)
야구(baseball)
약(medicine)

약국(pharmacy)

약속(a promise)

약속하다(make a promise)

양말(socks)

양복(suit)

얘기(talk)

얘기하다(have a talk)

어(oops!)

어깨(shoulder)

어느(which)

어디(where)

어떠하다(to be how)

어떤(which, what)

어떻다(to be how)

어렵다(be difficult)

어른(older person)

어린이(child)

어머니(mother)

어서(quickly, hurry)

어제(yesterday)

언니(a female's older sister)

언제(when)

언제나(always)

얼굴(face)

얼마(how much)

얼마나(how long/much/for)

엄마(mom)

없다(there is no)

에어컨(air conditioner)

여권(passport)

여기(here)

여덟(eight)

여동생(younger sister)

여든(eight(native Korean number))

여러(several, various)

여러분(all of you/everyone)

여름(summer)

여보세요(hello on the phone)

여섯(six)

여자(woman)

여학생(girl student)

여행(trip)

여행하다(travel)

역(station)

역사(history)

연습(practice)

연습하다(practice)

연필(pencil)

열(of ten)

열다(open)

열쇠(key)

열심히(hard)

영국(the United Kingdom)

영어(English)

영화(movie)

옆(beside)

예(yes)

예쁘다(be pretty)

예순(sixty(native Korean number))
옛날(old days)
오(five)
오늘(today)
오늘(this day)
오다(come)
오래(for a long time)
오래간만(for long)
오랜만(for long)
오렌지(orange)
오르다(climb)
오른쪽(right)
오빠(a female's older brother)
오십(fifty)
오월(May)
오전(a.m.)
오후(afternoon)
올라가다(go up)
올해(this year)
옷(clothes)
왜(why)
왜냐하면(because)
외국(foreign country)
외국어(foreign language)
외국인(foreigner)
왼쪽(left)
요리(cooking)
요리하다(cook)
요일(day of week)

요즈음(nowadays)
요즘(nowadays)
우리(We, our)
우리나라(our country)
우산(umbrella)
우유(milk)
우체국(post office)
운동(exercise)
운동장(playground)
운동하다(exercise)
운동화(sports shoes)
운전(driving)
운전하다(drive)
울다(cry)
웃다(laugh)
원(won)
월(month)
월요일(Monday)
위(on/above)
위험(danger)
위험하다(be dangerous)
유명하다(be famous)
유월(June)
육(six)
육십(sixty)
은행(bank)
음식(food)
음악(music)
의사(doctor)

의자(chair)

이(two)

이(tooth)

이(this)

이거(this one)

이것(this thing)

이곳(this place)

이때(at this time)

이런(such, like this)

이렇다(be like this)

이름(name)

이번(this time)

이분(this person)

이십(twenty)

이야기(chat, story)

이야기하다(chat)

이월(February)

이제(this time, now)

이쪽(this way)

이해하다(understand)

인사(greeting)

인사하다(greet)

인천(Inchon)

일(one)

일(working)

일곱(seven)

일본(Japan)

일본어(Japanese)

일어나다(get up)

일요일(Sunday)

일월(January)

일주일(a week)

일찍(early)

일하다(work)

일흔(seventy(native Korean number))

읽다(read)

잃다(lose)

잃어버리다(quite lose)

입(mouth)

입다(put on)

있다(there is)

있다(have)

잊다(forget)

잊어버리다(forget all)

잎(leaf)

ㅈ

자다(sleep)

자동차(car)

자리(seat)

자장면(Jajangmyeon)

자전거(bicycle)

자주(often)

작년(last year)

작다(be small)

잔(counting word for glass)

잘(well)

잘하다(be good, do well)

잠(sleeping)

잠깐(for a moment)

잠깐(for a second)

잠시(for a short time)

잠자다(sleep)

잡다(take)

잡수시다(eat(polite expression))

잡지(magazine)

장(counting word for sheet of paper)

장미(rose)

장소(place)

재미(interesting)

재미없다(not to be interesting)

재미있다(be interesting)

저(that)

저거(that one)

저것(that thing)

저곳(that place)

저기(over there)

저녁(evening, dinner)

저쪽(that way)

적다(a little, a few)

전(before)

전(in advance)

전화(telephone)

전화번호(phone number)

전화하다(call)

점심(lunch)

점심시간(lunch time)

젓가락(chopsticks)

정류장(bus stop/station)

정말(really)

제일(the most, the best)

제주도(Jeju island)

조금(little)

조용하다(be quiet)

졸업(graduation)

졸업하다(graduate)

좀(little, some)

종이(paper)

좋다(be nice/good)

좋아하다(like)

죄송하다(be sorry)

주(week)

주다(give)

주말(weekend)

주소(address)

주인(the owner)

죽다(die)

준비(preparation)

준비하다(prepare)

중국(China)

중국어(Chinese)

중요하다(be important)

중학교(middle school)

중학생(middle school pupil)

즐겁다(be delightful)

지갑(wallet)

지금(now)

지난달(last month)

지난주(last week)

지내다(spend time, live)

지도(map)

지우개(eraser)

지우다(erase)

지하(basement)

지하철(subway)

질문(question)

질문하다(ask a question)

집(house)

ㅉ

짜다(be salty)

짧다(be short)

쪽(side)

찌개(stew)

찍다(take a picture)

ㅊ

차(car)

차(tea)

참(very)

창문(window)

찾다(look for)

책(book)

책상(desk)

처음(first time)

천(thousand)

천천히(slowly)

첫째(the first)

첫째(number one)

청바지(Jeans)

청소(cleaning)

청소하다(clean)

초대(inviting)

초대하다(invite)

초등학교(elementary school)

초콜릿(Chocolate)

추다(dance)

축구(soccer)

축하하다(congratulate)

출발하다(depart)

춤(dancing)

춤추다(dance)

춥다(be cold)

취미(hobby)

층(floor)

치다(hit)

치마(skirt)

치약(toothpaste)

친구(friend)

친절하다(be kind)

칠(seven)

칠십(seventy)

칠월(July)

칠판(chalkboard)

침대(bed)

칫솔(toothbrush)

ㅋ

카드(card)

카메라(camera)

칼(knife)

캐나다(Canada)

커피(coffee)

컴퓨터(computer)

컵(cup)

켜다(turn on)

코(nose)

콜라(coke)

크다(be big)

크리스마스(Christmas)

키(one's height)

크다(be tall)

ㅌ

타다(ride/take)

태권도(taekwondo)

태어나다(be born)

택시(taxi)

테니스(tennis)

테이블(table)

텔레비젼(television)

토요일(Saturday)

티브이(TV)

팀(team)

ㅍ

파란색(blue color)

파티(Party)

팔(eight)

팔다(sell)

팔십(eighty)

팔월(August)

퍼센트(Percent)

편지(letter)

포도(grape)

표(ticket)

프랑스(France)

피곤하다(be tired)

피아노(piano)

피우다(smoke)

피자(pizza)

필요(need)

필요하다(be needed)

ㅎ

하나(one)

하늘(sky)

하다(to do)

하지만(however)

학교(school)

학년(grade, class)

학생(student)

한(of one)

한강(Han river)

한국(Korea)

한국말(Korean)

한국어(Korean)

한글(Hangeul)

한번(one time)

한복(Korean traditional dress)

한자(Chinese character)

할머니(grandmother)

할아버지(grandfather)

함께(together)

항상(always)

해(sun)

핸드폰(mobile phone)

햄버거(hamburger)

허리(the waist)

형(elder brother for male)

호(counting word for room)

호주(Australia)

호텔(Hotel)

혼자(alone)

화(anger)

화요일(Tuesday)

화장실(restroom)

환자(patient)

회사(company)

회의(meeting)

후(after, in future)

휴일(holiday)

휴지(wastepaper)

휴지통(wastebasket)

흰색(white)

힘(physical energy)

힘들다(be hard)

한국어능력시험 초급 문법 목록

* 한국교육과정평가원 공개 자료 보고서 CRE 20092-2에서 초급 문법만 발췌

연결어미(Connective endings)	
-지만	-거나
-아/어서/여서(계기)	-(으)러
-아/어서/여서(이유)	-(으)려고
-(으)니까	-(으)면서
-(으)ㄴ데	-(으)면
-는데	-게

종결어미(Terminative sentence endings)	
-ㅂ/습니까	-는군요
-ㅂ/습니다	-(으)세요
-아/어요(평서형)	-(으)십시오
-아/어요(청유형)	-(으)ㄹ게요
-아/어요(의문형)	-아/어서요
-(이)지요?	-(으)니까요
-지요	-(으)ㄴ데(요)
-(으)ㄹ까요	-(이)ㄴ데요
-(으)ㄹ래요	-고요
-(으)ㅂ시다	-(으)려고요
-군요	-네요

선어말 어미(Precedent endings)	
-았/었/였-	-(으)시-
-겠-	

관형형 어미(Adnominal endings)	
-(은)ㄴ	-(으)ㄹ
-는	

명사형 어미(Nominal endings)	
-음/ㅁ	-기

부사격조사(Adverbial particles)	
-에(장소)	-에게서
-에(시간)	-께
-에서	-하고
-서	-(이)랑
-에게	-와/과
-한테	-으로
-한테서	-보다
-처럼	

보조사(Auxiliary particles)	
-까지	-밖에
-도	-부터
-마다	-은/는
-만	-이나

접속조사(Conjunctive particles)	
-하고	-(이)랑

-와/과	-(이)나
주격조사(Nominative particles)	
-이/가	-께서
목적격조사(Objective particles)	
-을/를	
관형격조사(Adnominal particle)	
-의	
보격조사(Complement particle with 되다/ 아니다)	
-이/가 되다	-이/가 아니다
복합표현(Compound expressions)	
- 있다	-(으)ㄴ 지
- 싶다	-(으)러 가다
-지 않다	-(으)러 오다
-지 못하다	-(으)려고 하다
-지 말다	-(으)ㄹ 수 있다
-(으)ㄹ 것이다	-(으)ㄹ 수 없다
-(으)ㄴ 것 같다	-아/어/여도 되다
-는 것 같다	-아/어/여야 되다
-(으)ㄹ 것 같다	-아/어/여야 하다
-(으)ㄴ 후에	-아/어/여 주다
-기 전에	-아/어/여 보다

-(으)ㄹ 때	-기로 하다
-기 때문에	-(으)ㄹ까봐
-는 게 좋겠다	-(으)ㄹ까 하다
-았/었/였으면 좋겠다	-게 되다
-(으)ㄴ 적이 있다	
-(으)ㄴ 적이 없다	

곽부모

연세대학교 외국어로서의 한국어교육학 석사
러시아카잔연방대학교 언어학 박사(BAK)
현) 류블랴나대학교 아시아&아프리카학부 교수(외교부 산하 KF 파견)

국방어학원 한국어학처 전임교수
러시아카잔연방대학교 한국어문학과 교수
이화여자대학교 언어교육원 한국어강사
세종대학교 유럽연합프로그램(ETPK) 초빙 강사
선문대학교 한국어교육원 한국어강사
삼성전자 인재개발그룹 초빙 강사

초급 한국어 말하기 평가

초판 1쇄 발행 2016년 1월 8일

지은이 곽부모

펴낸이 이대현
책임편집 이태곤
편집 권분옥 오정대 이소정 문선희 박지인
디자인 안혜진 이홍주
마케팅 박태훈 안현진
펴낸곳 도서출판 역락
등록 303-2002-000014호(등록일 1999년 4월 19일)
주소 서울시 서초구 동광로46길 6-6(반포4동 577-25) 문창빌딩 2층(우 06589)
전화 02-3409-2058(영업부), 2060(편집부) | 팩시밀리 02-3409-2059
이메일 youkrack@hanmail.net
역락블로그 http://blog.naver.com/youkrack3888

ISBN 979-11-5686-288-8 93710
정 가 12,000원